CRISIS,
¿ESTÁS PREPARADO PARA CRECER?

Enric Corbera

CRISIS, ¿ESTÁS PREPARADO PARA CRECER?

EL GRANO Ð MOSTAZA

Título: Crisis, ¿estás preparado para crecer?
Autor: Enric Corbera

Fecha de publicación, noviembre de 2021

© Enric Corbera
© para la edición en Latinoamérica, El Grano de Mostaza Ediciones

ISBN: 978-84-124159-2-6
DL: B 16359-2021

El Grano de Mostaza Ediciones, S.L.
Carrer de Balmes 394, principal primera
08022 Barcelona, Spain
www.elgranodemostaza.com

Imprime: Podiprint

ÍNDICE

PRÓLOGO

Creo que si algo puedo ofrecer al lector interesado en esta obra es, sin lugar a dudas, una visión más personal y cercana del autor. Por ello aprovecharé esta oportunidad para transmitiros mi experiencia a lo largo de todos estos años en contacto íntimo con Enric Corbera: como líder y mentor que es —para mí y para muchos—, pero también como compañero de trabajo y, por supuesto, como padre.

Mi objetivo con la redacción de este prólogo no es otro que mostrar que Enric vive lo que escribe. Cada una de las líneas impresas en este libro transmite su forma de ser y entender la vida. En este sentido, probablemente es una de las personas más aptas para hablar sobre la mentalidad paradójica; se hablará largo y tendido sobre este concepto en las siguientes páginas. No obstante, podemos resumirlo como la capacidad de percibir el carácter ambivalente de cualquier circunstancia que acontece en nuestra vida, que puede interpretarse en sentidos aparentemente opuestos o contradictorios; sin duda, una de las cualidades que más caracterizan a Enric.

En el ámbito laboral, por ejemplo, se encarga de recordarnos a todos los miembros de la empresa «la apariencia de las cosas». Cuando atravesamos momentos difíciles, nos recuerda que estos son necesarios para identificar los errores que cometemos y corregirlos. «Qué es bueno y qué es malo —nos dice—. Estos instantes nos sirven precisamente para fortalecernos y ser capaces de sostener el éxito que está por venir». Y no le falta razón. Solo cuando «vienen curvas» la empresa es capaz de centrarse de verdad en mejorar la eficiencia de su estructura. De este modo, cuando la empresa crece, también crece su capacidad para proporcionar resultados.

Curiosamente, en el momento de dar la bienvenida a cada empleado que empieza a trabajar en el equipo, siempre los saluda diciendo: «Hola y adiós». Todos se quedan un tanto desconcertados al escucharlo. Enric, a continuación, argumenta: «Hola y adiós, porque todo principio también es un final. No sé cuánto tiempo vas a estar con nosotros. Por mi parte, solo deseo que tu estancia aquí te resulte provechosa y te sirva para crecer».

Así es Enric: se compromete al máximo contigo, pero a la vez se desprende de ti. Lo hace con cada una de las personas que asisten a sus consultas: pone todo su ímpetu en que estas puedan mejorar su vida, pero no necesita que lo hagan. Lo mismo sucede con su profesión: rinde al cien por cien y da lo máximo de sí mismo, pero si tuviera que dejarlo mañana, lo haría sin problemas. No se aferra a su trabajo ni se define por lo que hace. Hace ya muchos años que Enric decidió entregar su vida a «la vida» y que sería esta última la que dictaría qué tiene que hacer y adónde tiene que ir. En resumidas cuentas, es capaz de desapegarse de todo aquello que ama. No solo de su profesión, también de sus relaciones más cercanas, precisamente porque las ama de verdad. Esta es una de las actitudes que más admiro de él.

En lo que respecta a la capacidad de crecer frente a la adversidad, es un ejemplo a seguir. Ha atravesado un sinfín de adversidades en su vida, pero hay una que me llama especialmente la atención: tras el divorcio de su primera mujer, decidió irse con lo puesto y renunciar al piso para que vivieran en él tanto ella como su hija Keila, a quien a partir de entonces visitaría un fin de semana cada quince días por la custodia. Cuando al cabo de poco tiempo conoció a mi madre, su actual mujer, unos días después de que empezaran a vivir juntos entraron a robarles. Por extraño que parezca, a los ladrones solo les dio tiempo de llevarse las propiedades de Enric: un reloj de oro que le había regalado su padre y las cuatro chaquetas que guardaba en su armario. Me contaba: «Ese día entendí que no podían arrebatarme nada de lo que soy; no podían llevarse nada verdaderamente importante. Entendí que la vida siempre estaría ahí para sostenerme, pasara lo que pasara». Siempre necesito unos instantes de reflexión cuando recuerdo esta historia. Tener que perderlo todo para darte cuenta de que no te falta absolutamente nada; pocas paradojas generan tanto impacto.

En su etapa adolescente, Enric era un tipo rebelde e inconformista; en realidad, son características que lo han acompañado toda su vida. No obstante, en aquel entonces mostraba una actitud desafiante frente a la autoridad, tanto en la escuela como en casa. Le costaba contener la agresividad y solía enfrentarse a compañeros de la escuela o del barrio. Fue una fase de su vida en la que muchos, en especial su madre, lo percibían como alguien repulsivo, aunque en realidad era un «redentor disfrazado»: el miembro que liberaba la sombra contenida de todo el sistema familiar. Recuerdo que siempre le pedía que me contara alguna de sus «batallitas». Me encantaban.

En el año 2012 recibió el distintivo de «embajador de la paz», un reconocimiento internacional que se les ofrece a aquellas personas que destacan por su aporte en términos de promoción de la paz y el bien común para la sociedad. De nuevo, pude presenciar la mentalidad paradójica de Enric. Tras recibir el premio, me dijo: «Hoy sé que me reconocen como embajador de la paz porque soy plenamente consciente de mi lado oscuro y de lo que este es capaz de hacer». El mismo poeta Rumi explicaba que si todavía no habías visto al diablo, simplemente miraras dentro de ti. Enric es un ejemplo de que la auténtica paz se halla en la integración de la propia sombra.

La mayoría de las personas que se interesan por el mensaje de Enric están deseosas de cambiar su vida en algún aspecto. Algunas andan perdidas sin saber a qué dedicarse profesionalmente; otras están atravesando momentos de dolor en su matrimonio. Algunas sienten que su vida laboral no les llena, mientras que a otras les invade una profunda soledad. A pesar de la disparidad de perfiles, todas ellas comparten un trasfondo común: algo se les ha perdido, sienten un vacío interno que no saben cómo llenar y desconocen la manera de seguir avanzando.

A través de todas sus obras, conferencias y cursos de formación, Enric se encarga de transmitir un mensaje que, a mi parecer, puede resumirse con las siguientes palabras: «Tranquilo; puedes llegar a conseguir la vida que deseas. Esto que te está sucediendo ahora, por muy duro que pueda parecerte, es el preludio de una fase llena de propósito y significado». Estoy convencido de que el lector puede utilizar este libro como una herramienta para encontrar el sentido a aquellas circunstancias que pueda estar viviendo en el presente y que en apariencia resultan negativas y perjudiciales. Deseo de todo corazón que las palabras de Enric le ayuden a esclarecer la mente y le empujen a mejorar su vida. Por mi parte, le estaré eternamente agradecido.

DAVID CORBERA

PREFACIO

Con este libro pretendo acompañar al lector en la senda que puede conducirnos al equilibrio emocional gracias a la integración de dos polaridades, que pueden parecer contrapuestas pero que en realidad se necesitan mutuamente para existir. Estoy hablando de saber gestionar el poder que encierra «la paradoja», que puede acompañarnos a otro nivel de comprensión distinto de lo que llamamos realidad.

Aceptar la paradoja nos lleva a desarrollar «la mentalidad paradójica», capacidad de integrar aspectos contrarios, y a comprender que la eliminación de uno de ellos nos desposeería del sentido más profundo de la vida: darle sentido. La idea básica queda resumida en esta propuesta o reflexión.

Conocerse a uno mismo a través de los conflictos, de las ideas contrapuestas, del caos implica desarrollar una mentalidad paradójica.

Para la mayor comprensión de mi propuesta, voy a explicar los conceptos que empleo en esta obra. Veamos:

— MENTALIDAD PARADÓJICA —

Una mentalidad paradójica procura aceptar más que rechazar. La mentalidad paradójica acepta dos ideas contrapuestas, como, por ejemplo, «La vida da sentido a la muerte», «Quien bien te quiere te hará llorar», «No hay mal que por bien no venga», «Compromiso & libertad en una relación», «El sonido del silencio».

La mentalidad paradójica no se posiciona: trasciende los opuestos, crea situaciones válidas para ambas polaridades. Los grandes genios desarrollaron su capacidad gracias a la aceptación de ideas en apariencia contradictorias. Un buen ejemplo es la teoría de la relatividad: un objeto puede estar en movimiento o en reposo según la posición del observador.

Convertir las dificultades en grandes ideas necesita personas que sepan vivir con una mentalidad paradójica.

— NO LINEALIDAD —

Se define un cambio no lineal como «aquel que no se basa en una simple relación proporcional entre causa y efecto; por lo tanto, cuando se usa para referirse a cambios, estos suelen ser bruscos, inesperados y difíciles de prever. Está muy relacionado con la teoría del caos, esto es, comportamientos no predecibles», (https://www.greenfacts.org/es/glosario/mno/no-lineal.htm). «Una relación no lineal entre dos variables existe cuando los aumentos y las disminuciones entre ellas no se producen con la misma intensidad. Todo es el ciclo vida-muerte-vida, donde no hay vida sin muerte y donde la vida empieza a surgir en el momento en que algo muere.

El tiempo cíclico lo vemos en la naturaleza, en la salida de sol, las fases lunares, las estaciones, los ciclos del agua, el nacer de los bebés y la muerte de la vida. Este tiempo es como funciona la vida», (https://tribunadelabahia.com.mx/reflexiones-cotidianas-tiempo-ciclico-20737).

También a nivel psíquico, si seguimos haciendo lo mismo, tomando las mismas soluciones frente a los mismos problemas, estamos en un ciclo. Envejecemos, pero no salimos del bucle.

— CONSCIENCIA & CONCIENCIA —

En español, para referirse a la conciencia, se utilizan indistintamente las palabras consciencia y conciencia. Esto conlleva mucha confusión. Por lo tanto: cuando el lector lea conciencia o consciencia lo pondré en minúscula para diferenciarlo de la Consciencia.

En inglés, la diferencia es palpable ya en su escritura, mientras que en español se emplean indistintamente y se crea cierta confusión cuando se trata de diferenciarlas. En el libro acostumbraré a poner Consciencia (*awareness*) con mayúscula y conciencia (*consciousness*) con minúscula para diferenciarlas. «Consciencia» es la unidad primordial, las infinitas posibilidades de manifestación. La «conciencia» es la parte dual, donde la Consciencia se manifiesta. La Consciencia está formada por una infinidad de conciencias, al igual que el océano está formado por una infinidad de gotas. La conciencia individual está hecha a imagen y semejanza de la Consciencia, de igual forma que la gota del océano contiene al océano mismo.

— LA PRESENCIA —

La presencia, también llamada *Ser*, es la manifestación de la Consciencia. Su presencia lo impregna todo, hay un silencio, el movimiento se ralentiza —se produce un cambio de percepción con relación al tiempo—, aumenta la vitalidad y, lo más importante: comprendes que todo está interrelacionado. Traer la paz y la alegría a los demás es el don de la presencia.

— ADVAITA —

Es una palabra del sánscrito que significa «no dos»; un sinónimo es «no dualidad». *Advaita* no es una filosofía ni una religión. La no dualidad es una experiencia en la que no existe separación entre sujeto y objeto, un «yo» y el resto del universo, un «yo» y Dios. Es la experiencia de la Consciencia, nuestra verdadera naturaleza, que se manifiesta como felicidad, amor y belleza absolutos.

El *Advaita* trasciende todas las religiones, filosofías y nacionalidades. No divide, sino que une. Los creyentes de las diferentes religiones no se ponen de acuerdo en sus conceptos acerca de Dios, pero los sabios de distintos orígenes nunca podrán estar en desacuerdo respecto a su experiencia común de no dualidad. Los fundadores de todas las grandes religiones han sido sabios.

La no dualidad es el núcleo del hinduismo, el sufismo, el budismo zen, el shivaísmo de Cachemira y las enseñanzas de Cristo.

— VEDANTA —

El *vedanta* se define como "uno de los sistemas filosóficos de la India. Declara que la liberación no puede ser alcanzada mediante rituales, acciones u obras de caridad. La meta del vedanta es el conocimiento del Brahman (la Existencia Absoluta) que está más allá de la ilusión (Maya) del mundo y de la propia mente. La realidad última está más allá de los límites del intelecto y del mundo manifestado".

El *Vedanta* sostiene que «la dualidad no es más que una creencia producida por la ignorancia de la naturaleza de la realidad, no un hecho». En efecto, la realidad es no dual; esto significa que la distinción entre sujeto y objeto realmente no existe. El sujeto no es diferente de los objetos. Tanto el sujeto como los objetos son manifestaciones aparentes del sí-mismo o Consciencia.

— EL OBSERVADOR —

Pretendo dejar muy claro que es preciso desarrollar la capacidad de observar al observador, distanciándose emocionalmente del yo que cree que lo que observa es la realidad: «el observador confuso».

La acción del observador consciente, también llamada «observación interna», puede ver las distintas personalidades con las que se identifica el yo. Al distanciarse del observador confuso, permite descubrir su yo, su esencia, y crea esta distancia que le permite tomar decisiones que no se basan en posicionamientos en contra de nada ni de nadie. Aquí reside la capacidad de la mentalidad paradójica, la que trasciende los opuestos, la que te lleva al equilibrio emocional. Gracias al desarrollo de la capacidad de observar, en lugar de en «mí», la persona se ha convertido en «eso», tiene sus hábitos, sus gustos, sus aversiones, pero estos carecen de importancia.

El observador toma plena conciencia de que nadie piensa, sino que es la mente la que piensa. No tiene sentido apartar los pensamientos, pues estos siempre vuelven. La mente se alimenta de la Consciencia, que es lo que le da la vida y sustenta sus creencias y programaciones. El observador sabe que no es nada de lo que la mente expresa; entonces se abre a la capacidad de desarrollar la escucha, la auténtica escucha, la que oye al Ser, a la presencia.

— LA RENDICIÓN —

Antes que nada hay que dejar muy claro que «rendición» no es lo mismo que «resignación». Esta última lleva a la inacción, a la parálisis, al resentimiento.

La rendición siempre te llevará a una acción, y esta siempre se encontrará revestida de aceptación. La plena aceptación te conduce a la rendición, que te centra en el ahora, en el momento presente. Te invita a aceptar la incomodidad; no hay lucha, pero sí acción. La rendición está libre de resentimiento, es un estado mental en el que la energía fluye.

Como dice el maestro Eckhart Tolle «rendirse es aceptar el momento presente de manera incondicional y sin reservas». Todos estamos conectados a la presencia. Aquieta tu alma y escucha; siempre hay respuesta.

Cuando sientas que tu alma está oprimida, tu corazón encogido y tu mente llena de dolor y resentimiento, ríndete. Deja de tratar de hacer tu voluntad, ríndete y entrega al Ser tu verdad, tus razones y tu lucha por que las cosas sean como a ti te gustaría que fueran. Ríndete; simplemente, ríndete.

— HOLOGRAMA —

Nos muestra que «el todo contiene la parte y esta contiene el todo. La teoría del universo holográfico nos dice: toda la información contenida en cierto volumen de un espacio concreto se puede conocer a partir de la información codificable sobre la frontera de dicha región.

El pensamiento holográfico permite inferir que lo que usted piensa bajo un proceso mental holístico, espiritual y trascendental, y lo que se manifiesta siempre coinciden, todas las veces, sin excepción; es difícil aceptarlo, pero cuando somos capaces de abrirnos a ello, las posibilidades de manifestación son sorprendentes.

En un objeto holográfico, cada fragmento del objeto refleja la totalidad del mismo. Tomemos como ejemplo una fotografía holográfica de una manzana: cuando pasamos un rayo láser por una pequeña parte de la fotografía, siempre sale proyectada la imagen de toda la manzana. Esto nos demuestra que el Todo se manifiesta en la conciencia, la parte, y al hacer un cambio en nuestras vidas esto se manifestará en nuestro entorno. Parafraseando a Einstein, nosotros no podemos cambiar lo que vemos, pero si cambiamos un pensamiento en relación con nuestra percepción, cambiará nuestro universo. El particular, por supuesto.

— LA TEORÍA DEL CAOS —

«El aleteo de las alas de una mariposa se puede sentir al otro lado del mundo». Este proverbio chino es el origen, junto con las investigaciones del matemático y meteorólogo Edward Lorenz, de una de las más cinematográficas teorías físicas: el efecto mariposa. Según este concepto vinculado a la teoría del caos, el aleteo de un insecto en Hong Kong puede desatar una tempestad en Nueva York. Pero, en realidad, ¿es factible que el aleteo de una mariposa en Sri-Lanka pueda provocar un huracán en EE. UU.? En un sistema no determinista, los cambios pequeños pueden conducir a consecuencias totalmente divergentes. Una minúscula perturbación inicial, mediante un proceso de amplificación, puede generar un efecto considerable a medio y corto plazo. El movimiento desordenado de los astros, el desplazamiento del plancton en los mares, el retraso de los aviones, la sincronización de las neuronas; todos son sistemas caóticos o «dinámicos no lineales».

El cuerpo humano es un sistema caótico, flexible e impredecible. La medicina no puede predecir la evolución del cuerpo de un individuo determinado. Sin embargo, el cuerpo humano es resistente a los cambios, mantiene una forma más o menos parecida durante más de setenta años, a pesar de que ningún átomo de los que hoy forman nuestro cuerpo era el mismo hace siete años, y resiste a las enfermedades y a los condicionantes externos.

(NATIONAL GEOGRAPHIC: EFECTO MARIPOSA: ¿EL ALETEO DE UNA MARIPOSA EN SRI LANKA PUEDE PROVOCAR UN HURACÁN EN EE.UU?).

Querido lector, quédese con esto: todo caos (desorden) crea un nuevo equilibrio (orden). Es la paradoja del orden y el desorden, y la propuesta del libro: todo caos (crisis) crea un nuevo orden (abundancia).

— LA SOMBRA —

Según Carl G. Jung, nuestra psique está dividida en consciente e inconsciente. Nuestro consciente refleja la imagen que queremos mostrar al mundo, lo llamaremos «identidad» o «yo». Nuestro inconsciente alberga todo aquello que nos negamos a nosotros mismos y que no queremos mostrar al mundo. Normalmente proyectamos nuestra sombra en lo que rechazamos en los demás y en nosotros mismos. Aquí tenemos una paradoja de la psique: nosotros somos lo que creemos que somos y lo que creemos que no somos.

Para profundizar en este tema, les recomiendo la lectura del libro *Encuentro con la sombra*, editado por C. Zweig y J. Abrams.

— PROPIEDADES EMERGENTES —

Las propiedades emergentes se definen como «propiedades o atributos de una comunidad que no se aprecian en los individuos o comunidades, y que se hacen evidentes solo cuando coexisten poblaciones en un espacio dado».

Veamos varios ejemplos:

La resiliencia, que sería la velocidad a la que una comunidad o persona vuelve a la normalidad tras sufrir una perturbación o crisis.

Los diferentes niveles de organización, por ejemplo, frente a una crisis, serían propiedades emergentes.

Otro ejemplo con relación a la naturaleza: el aumento de especies incrementa la estabilidad de la función ecológica. La contribución de cada especie afecta a la función ecológica por el aumento de interacciones entre las especies.

Un ejemplo muy claro: un pájaro no puede crear figuras en el aire. Una bandada de ellos crea figuras maravillosas. Las figuras son propiedades emergentes.

— REVELACIÓN —

La revelación no es algo especial que les ocurre a personas especiales; es una consecuencia de vivir en un estado mental. Toda revelación viene precedida de un silencio, de una escucha que trasciende las percepciones duales de la separación. Es la mente que el observador utiliza para hallar la comprensión desde la premisa de que todo está interrelacionado, de que la causa está en uno mismo, de que evita posicionamientos a ultranza, de que sabe que todo necesita su contrapunto, su opuesto, su complementario. Esta percepción lleva a la mente a una quietud mental, a una escucha profunda en la que el observador no se identifica con el mundo. Estas condiciones promueven que una nueva información se manifieste en la mente del observador. Es algo que siempre ha estado ahí, pero no podía aterrizar en la mente porque no contaba con el espacio ni con el silencio necesarios.

Querido lector, espero y deseo que estas aclaraciones respecto a los conceptos expuestos en el libro le ayuden a integrar la información y le permitan aplicárselos a su vida para hallar un mayor bienestar emocional.

Muchas gracias.

ENRIC CORBERA

APRENDER A VIVIR
EN LA PARADOJA

> Que converjan los dos senderos,
> que equilibre los pares de opuestos y
> que aparezca el sendero entre ambos.
> Dios, el sendero y el hombre son uno.
>
> ALICE A. BAILEY

> La crisis es la mejor bendición que puede sucederles a personas y países, porque la crisis trae progresos. La creatividad nace de la angustia como el día nace de la noche oscura.
>
> ALBERT EINSTEIN

Las crisis forman parte del bagaje de la humanidad. Hablar de humanidad es hablar de cambios, de subidas y bajadas, de fracasos y de éxitos, de pobreza y abundancia, de victorias y de derrotas... Las unas no pueden estar separadas de las otras.

Este libro pretende llevar a la consciencia de toda aquella persona que piensa y siente que el cambio más importante que puede llevar a cabo en su vida está en su mente, en su forma de ver y entender el mundo. La auténtica crisis es la parálisis; la salida de ella es la imaginación, uno de los poderes que todo ser humano posee.

Toda crisis requiere un cambio de conciencia porque todo está interconectado: no puede haber subidas sin bajadas, no todo es crecer y crecer. La misma naturaleza nos lo enseña: necesita el descanso, el recogimiento para rebrotar con mayor fuerza si cabe.

La historia está repleta de anécdotas de personas que persiguieron un sueño y que lo alcanzaron gracias a grandes fracasos. Otros no alcanzaron lo que creían que sería su mayor logro, pero descubrieron su camino más tarde, pues el esfuerzo los había convertido en maestros. Vivimos en un universo polar, donde lo positivo tiene sentido gracias a lo negativo. No hay nada desligado, todo esfuerzo necesita su tiempo de reposo y, por tanto, las crisis de toda índole son oportunidades para regenerarse, crecer, conocerse mejor a uno mismo.

> El cambio más importante que puede llevar a cabo
> en su vida está en su mente, en su forma de ver
> y entender el mundo.

Veremos en este libro que hay «crisis de abundancia y abundancia de crisis» y, al final, todo se resume en un estado mental. Aquí reside el *quid* de la cuestión: desarrollar una mente que comprenda que la dualidad del mundo en que vivimos es mera ilusión. Qué todo se percibe separado, pero que en realidad todo está interconectado e interrelacionado. De ahí la importancia de saber vivir con una mentalidad paradójica, la que sabe que los opuestos no pueden existir sin su contrario.

Este libro te ayudará a desarrollar una «mentalidad paradójica», que supone la plena comprensión de que los opuestos lo son solamente en apariencia y de que cuando los integras y les das vida, tu creatividad, tus capacidades se manifiestan en tu vida como un volcán de ideas y el impulso para llevarlas a cabo.

> A lomos de todas las paradojas se cabalga hacia todas las verdades.
>
> FRIEDRICH NIETZSCHE

Te acompañaré a hacerte las preguntas correctas frente a las crisis, a comprender que todo «desorden» lleva la semilla de un nuevo «orden». Que la vida es la expresión pura y dura de la paradoja «Sin vida no hay muerte y sin muerte no hay vida», la una da sentido a la otra. Trascenderla te lleva a ser consciente de que lo que llamamos vida y muerte es solamente una experiencia del Ser. No hay muerte, no hay vida; solo experiencia.

Escuchar al Ser (escucha flotante) nos pone en un núcleo interior y rector, exterior y superior a la conducta y a las actitudes habituales del ego. Por ejemplo, las exigencias de la vida y los trastornos emocionales pueden hacer que el crecimiento de nuestra energía sea más desordenado y con ello nos resulte imposible conectar con este núcleo. La mentalidad paradójica nos llevará a un nuevo orden, a un estado de calma, que nos ayudará a reinventarnos, a redirigir nuestras energías con otra mentalidad.

Cuando entramos en este estado de comprensión, el Ser nos guía y nos dota de un sentido misterioso de identidad, un «yo soy» en medio de las exigencias y los conflictos de la vida, un núcleo interior que puede absorber las ansiedades, tal como habría hecho una madre. Sientes que has encontrado la «senda». Normalmente, cuando vivimos con exigencias, proyectando culpabilidades, haciendo juicios, reclamando éxito y mercadeando con lo que llamamos Dios, el Ser permanece dormido en el ser humano.

Vivir en la paradoja te ayuda a integrar lo que antes definías como opuestos y contra lo que luchabas sin saber que haciendo eso lo reforzabas y, sobre todo, sin saber que, si consiguieras eliminar la otra polaridad, la que consideras tu opuesto, tú desaparecerías. Verás y experimentarás que una mente que acepta la paradoja es una mente que se abre a la experiencia de la aceptación de la oscuridad, consciente de que esta encierra la mayor luz. Cuando sientes que vas por el buen camino, ves que las exigencias y los conflictos de la vida tienen su razón de ser. Entonces tu corazón y tu mente se llenan de agradecimiento.

La vida me ha enseñado que los mayores dolores y experiencias traumáticas encierran un potencial que te hace brillar e inspirar a otras mentes. Vivir en la paradoja te inspira e inspira a todo aquel que te rodea. Ya no buscas nada fuera, pues allí no hay nada que no esté en tu interior; está esperando una mente paradójica para mostrarse.

Una mente que evita caer en el lamento y en la victimización es una mente activa, que está a la escucha y, como diría Max Planck, es una «mente inteligente y consciente que es la matriz de toda la vida», en la que resuenan —vibran— nuestras mentes. La respuesta de esta mente se manifiesta muchas veces en lo que llamamos «inspiración». Para ello es necesario una actitud mental de no juicio, de saber que todo tiene un sentido y un para qué. Algunos lo llaman también «escuchar con el corazón»; otros, «la vocecita».

Este libro pretende llevar al lector al lado oscuro de la psique, al lado oculto de cada eventualidad, de cada relación, de cada experiencia. Cuando la mente acepta esta dualidad es capaz de trascender toda experiencia y encuentra el «oro de la sombra», parafraseando a Carl G. Jung. El mismo autor nos recuerda: «Uno no alcanza la iluminación fantaseando sobre la luz, sino haciendo consciente la oscuridad... Lo que no se hace consciente se manifiesta en nuestra vida como destino».

Pretendo que las personas sean dueñas de su vida, que comprendan con todo su ser que la fuerza está en su interior y que el camino pasa por la integración de las diversas experiencias polarizadas que la vida nos depara.

Te animo y te invito, querido lector, a descubrir otra manera de ver las cosas. ¡Aaahhh!, se me olvidaba: entenderás este libro en la medida en que tú quieras.

Te dejo con una reflexión paradójica:

Cuando creamos orden en nuestra psique, creamos desorden a nuestro alrededor. Con ello invito al lector a tomar conciencia de que cualquier acto, idea o pensamiento que introduzcamos en nuestras vidas —un nuevo orden— va a crear un nuevo desorden a nuestro alrededor. Todo movimiento, sea el que sea, se complementa con su opuesto. El ejemplo paradigmático es la familia. Cuando un miembro de ella hace algo, se posiciona en una nueva manera de hacer con respecto a la familia, todos los miembros se van a reposicionar. Un desorden crea un nuevo orden. A nivel personal y a nivel grupal.

CAPÍTULO I

VIVIMOS EN UN MUNDO POLARIZADO

> Un ser humano [...] experimenta su existencia, sus pensamientos y sus sentimientos como algo separado del resto, algo así como una ilusión óptica de su consciencia. Esta ilusión es una cárcel para nosotros; debemos liberarnos de esta cárcel y aumentar nuestro círculo de compasión para abarcar a toda la naturaleza.
>
> ALBERT EINSTEIN

La mayoría de los seres humanos viven con una conciencia limitada: la creencia de que todo, absolutamente todo, está separado. Cierto es que mi cuerpo está separado de los otros; menos mal, diría yo. Si profundizamos un poco más, también hay muchas personas que piensan que su mente está separada de su cuerpo. No ocurre nada por pensar así, pero sí que determina y condiciona, de una manera casi absoluta, una forma de pensar y, por lo tanto, de actuar.

La creencia en la separación nos lleva a creer que la causa de lo que nos ocurre se halla fuera y esta creencia condiciona nuestra forma de vivir. Aquí vemos una polaridad esencial causa-efecto; profundizaremos en ella más adelante.

Desde nuestro punto de vista, esta forma de pensar nos lleva a vivir en una crisis permanente, un miedo, un deseo de prever y de controlar los acontecimientos futuros. Esta crisis permanente nos hace vivir en un estrés constante y, para protegernos, proyectamos soluciones externas, llamémosles Dios, gurús iluminados o un largo etcétera. Pero nada más lejos de la realidad; nuestro mundo, nuestro universo está interconectado y, para mayor comprensión, voy a proponer la reflexión siguiente: prestemos atención a nuestro cuerpo; él mismo es un universo para los millones de células que lo componen. Estas células se organizan, trabajan y desarrollan funciones específicas y muy concretas, hasta el punto de que conforman nuestros órganos, y estos, a su vez, no viven aislados, sino que conviven en perfecta sincronía con los demás órganos que dan vida a nuestro cuerpo.

Tenemos un *software* —nuestra mente— que procesa un montón de información y todos sabemos que nuestros estados mentales afectan a nuestro cuerpo. No pretendo entrar en más detalles, al menos de momento.

> Nuestro mundo, nuestro universo
> está interconectado.

El doctor Christian Boukaram, en su libro *El poder anticáncer de las emociones*, nos dice:

> Cada una de nuestras células come, bebe, respira, digiere, evacua y se reproduce. Está provista asimismo de una piel que la protege, de estructuras que la sostienen y de electricidad que la estimula. La respiración, la dieta y la mente son el viento, el agua y el fuego de nuestras células. En tanto que somos el universo de nuestras células, influimos en ellas y ellas influyen en nosotros. Todas estas dependencias existen, pero el ego nos separa y nos aliena, haciéndonos creer en un entorno físico separado y hostil.[1]

Para ponernos en antecedentes deberíamos hablar de la física cuántica o, como también se la conoce, la física de la consciencia. Es el estudio de los bloques básicos que conforman el universo. Como hemos visto, nuestro cuerpo lo constituyen células, que, a su vez, están hechas de moléculas, las cuales están compuestas por átomos, hechos de partículas subatómicas tales como los electrones. Este es el mundo de la física cuántica: todo está hecho de «grandes grupos» de partículas subatómicas. Tu cuerpo, un árbol, los pensamientos, un vehículo, un planeta, la luz... Todo lo demás son «concentraciones» de energía. Todos ellos son grandes conjuntos de aproximadamente las mismas partículas subatómicas. La única diferencia radica en la manera en que estas partículas se agrupan en bloques, cada vez más grandes pero todos interconectados; por lo tanto, la clave es tomar conciencia de cómo funciona. Por eso es fundamental comprender hasta qué punto debemos ser conscientes de que vivimos en un mundo polarizado y, por tanto, permanentemente interconectado.

Las partículas subatómicas no son materia como lo es, por ejemplo, un grano de arena, sino probabilidades de existencia, pero también de existencias múltiples. Son ondas y partículas al mismo tiempo. El fotón constituiría la partícula elemental de la luz, que actúa como onda y como corpúsculo, llamada «dualidad onda-corpúsculo». Obra como onda en el fenómeno de refracción, la llamada «síntesis de luz», y se comporta como partícula cuando interactúa con la materia para transferir una cantidad de energía.

> Tu cuerpo, un árbol, los pensamientos, un vehículo,
> un planeta, la luz... Todo lo demás son «concentraciones»
> de energía.

Redundando en esta paradoja, la luz —unidad de información— necesita un cuerpo, en este caso, un prisma, para mostrar que está compuesta de un espectro de colores de diferentes longitudes de onda. Se ha comprobado que estos colores se complementan de tal modo que la superposición de todos cuando actúan como ondas dan la luz blanca, y si son partículas —el caso de la pintura, por ejemplo—, juntas producen el color negro. Por eso podemos ver el inmenso colorido de este mundo. Cuando vemos el color verde, por ejemplo, es porque los objetos lo reflejan mientras absorben el resto de los colores.

El experimento de la intención
Para que el fotón se manifieste como partícula hace falta un acto de conciencia, digamos un «acto de observación», que está impregnado de energía mental, de pensamientos, sentimientos y emociones. Cuando se observa un fotón, este cambia de estado y pasa de onda a partícula. Esto se conoce como «efecto del observador».

La periodista científica Lynne McTaggart, en su libro *El experimento de la intención*, demuestra la importancia de la conciencia del observador recalcando el «poder» que tenemos de cambiar nuestro universo si cambiamos nuestros pensamientos, parafraseando a Albert Einstein. Este libro se basa en la premisa «descabellada» de que, según la autora, «el pensamiento afecta a la realidad física».

En esta dirección, Bohr y Heisenberg se dieron cuenta de que los átomos no son pequeños universos, sino algo mucho más caótico: pequeñas nubes de probabilidad. Algunas de las figuras más relevantes de la física cuántica, por otra parte, argumentaron que el universo es democrático y participativo; un esfuerzo conjunto entre el observador y lo observado.[2]

Querido lector: quédate con todas estas premisas; te emplazo a leer este libro de Lynne McTaggart si estás interesado en saber más. Considero que lo explicado hasta ahora es vital para integrar toda la información de este libro. Dicho de otro modo: si nosotros, como partículas de este universo, estamos conectados, mi mente —*software*— sería el canal para la materialización de lo que llamo «experiencias de vida». El ser humano vendría a ser como un receptor/emisor.

Todo es energía y, por lo tanto, vibración. Nuestra mente vibra con nuestras percepciones y con nuestra forma de ver y entender el mundo. Aquí tenemos la clave para gestionar los estados que llamamos «crisis» y los estados que llamamos «abundancia». Con ello quiero decir que una mente que viva en la conciencia de que somos energía y vibramos, tendrá siempre presente que el origen está en uno mismo. Esto es abundancia; si por el contrario, creemos que es por mala suerte, esto es crisis. Una mente que vive en la abundancia acoge la crisis. Una mente que viva en la escasez le tiene miedo.

— LAS POLARIDADES —

Nuestro universo está perfectamente organizado en polaridades, desde las partículas subatómicas hasta nuestro cuerpo, que se manifiestan en lo masculino y lo femenino. Los cationes (+) y los aniones

(-) se buscan y se encuentran para formar sustancias más o menos estables, sea el caso del Na^+ (sodio) y del Cl^- (cloro), que al unirse forman una sustancia estable fundamental para la vida: la sal.

En el caso de las crisis, surgen cuando alimentamos la creencia de que nuestros problemas se solucionarán si eliminamos la otra parte, llamémosle «polaridad». Pero si esto fuera posible, automáticamente desaparecería el universo conocido. El mundo conocido está interrelacionado gracias a las polaridades que se complementan. Si vivo una crisis, por ejemplo, con mi pareja, al separarme de ella sin la integración de la enseñanza puedo posicionarme para evitar otra relación, pero yo seguiré igual. Viviré otra crisis en la otra polaridad.

Nuestros pensamientos también están regidos por la ley de las polaridades. Permanecer en las crisis se convierte en un estado mental polarizado que nos inmoviliza y nos hace entrar en un bucle, en un *déjà vu*. Repetimos las historias, las circunstancias, una y otra vez. Esta polarización es un estado mental de lamento, de victimización, a la espera de que algo o alguien nos saque del embrollo. Buscar la causa en el exterior supone encontrarse en un estado mental erróneo.

Las polaridades están presentes en todos los estados posibles dentro de nuestro universo. A nivel subatómico, a nivel de la materia y a nivel mental. Todos y cada uno de estos estados coexisten en el equilibrio de ambas polaridades. De ello se deduce que si existe la materia, debe existir la antimateria.

¿Qué es la antimateria?

Para definir oficialmente la antimateria podríamos decir que: «La antimateria está compuesta de lo que llamamos «antipartículas». Este tipo de partículas son idénticamente iguales a las que conocemos, pero con una salvedad: su carga eléctrica es opuesta. Por ejemplo, la antipartícula del electrón —carga negativa— es el positrón, que es exactamente igual pero con carga positiva. Ambas partículas, cuando se encuentran, chocan y desaparecen creando un flash de luz», (https://www.rewisor.com/que-es-la-antimateria/). Permitámonos hacer una reflexión filosófica ante esta evidencia: pienso que esta luz es la manifestación de la integración, de la unidad, de la vuelta a la casa de la que nunca hemos salido.

Si nos ponemos un poco más metafísicos o espirituales, o tal vez sea más adecuado decir más mitológicos, nos daremos cuenta de que podemos interpretar a Adán y Eva, las dos polaridades que vivían en el Paraíso, como estados probabilísticos de la materia: eran ondas para seguir con la particularidad de las partículas subatómicas. El Paraíso es la metáfora de la unidad, no hay distinción entre onda y partícula. No hay manifestación de la conciencia —la dualidad—, por ello Adán y Eva no se ven desnudos. La salida del Paraíso no fue una expulsión, sino un cambio de estado de ondas a partículas, o sea, el paso de la Consciencia a la Conciencia; fue una materialización y, como tal, aquellas deben tener polaridades diferentes —masculino/femenino— que se complementan en un baile que llamamos «vida», o sea, «experiencia». Su separación —ilusión— recrea el universo en su forma material y la manifestación de todas las polaridades, como: luz y oscuridad; Cielo e Infierno; Dios y demonio; masculino y femenino; alegría y tristeza y, como simplifica la filosofía taoísta, el yin y el yang, y dentro de cada estado se encuentra la esencia de su complementario. El yin contiene la esencia del yang y este la esencia del yin. De esta manera, la inteligencia universal se asegura de que no nos perdamos en la experiencia de la separación.

Siguiendo con Adán y Eva, su reencuentro, su fusión, tiene que verse como un flash de luz que indica su vuelta a casa, al estado de conciencia plena.

Mientras vivamos en este universo polarizado, tenemos que desarrollar la capacidad de saber estar en equilibrio entre ambos estados. A este estado mental se le llama «tao». Estar en él implica saber navegar mentalmente entre ambas fuerzas.

Bien, antes de proseguir, sería conveniente hacer algunas aclaraciones para que el mensaje llegue a los lectores de una forma clara y sin ningún género de dudas.

¿Cuál es el hilo que mantiene unidas la crisis y la abundancia?

Nosotros podemos vivir una experiencia concreta, como por ejemplo arruinarnos o que nos toque la lotería. Es fácil dejarse llevar por el pensamiento de que la primera es una crisis, y la segunda, una abundancia. Pero lo que debemos comprender es que vivir en crisis o en abundancia es un estado mental. Hay estudios que atestiguan que muchas personas, unos años más tarde de que les haya tocado la lotería, vuelven a la situación económica anterior, en el mejor de los casos. En Brasil, una ONG arregló un barrio asfaltando calles, creando parques para los niños, poniendo electricidad, etc., y al cabo de un año todo estaba como al principio. La gente lo vendió todo: asfalto, cables de electricidad, etc. Por otra parte, he vivido experiencias ajenas y propias en las que determinadas circunstancias adversas han potenciado la entrada en un estado más elevado de consciencia.

Lo que quiero dar a entender es que tanto las crisis como las abundancias encierran el potencial de crecimiento a un estado superior de conciencia o apertura mental. Saber vivir en tiempos de crisis y en tiempos de abundancia, sacar el mayor provecho de ellos, requiere una mente en equilibrio y que no se deje arrastrar hacia un estado de muerte por carencia o hacia un estado de muerte por abundancia. Cuando hablo de muerte no me refiero necesariamente a una muerte física. Creo que la peor muerte es vivir la vida de una forma extrema, en el exceso, en la inacción o en la acción que no lleva a ninguna parte.

Vivir en crisis o en abundancia
es un estado mental.

La crisis y la abundancia se retroalimentan entre ellas. La una tiene la esencia de la otra, como ya hemos visto al hablar del tao. Cada estado contiene al otro. Puedes tener una abundancia de crisis y una crisis de abundancia. Un ejemplo de lo que expongo podría ser la vida de Paul Getty, que fue, quizá, en su tiempo, el hombre más rico del mundo. Él vivía constantemente en crisis. Se levantaba a primera hora de la mañana para seguir los movimientos de la bolsa; necesitaba el estrés de posibles pérdidas o ganancias; nunca tenía bastante. A la pregunta que le hicieron de qué era lo que le faltaba para sentirse seguro cuando lo tenía prácticamente todo, su respuesta fue: «Necesito más». No tenía vida familiar, su mente estaba atrapada en la crisis de la abundancia.

La peor muerte es vivir la vida
de una forma extrema, en el exceso,
en la inacción o en la acción
que no lleva a ninguna parte.

Por otra parte, muchas personas que viven en la abundancia de la crisis siempre están buscando problemas y, si no los encuentran, se los imaginan. Viven en el lamento, en la queja, en el «ay, ¡pobre de mí!»; son como un agujero negro que se traga todos los problemas habidos y por haber. Nunca les faltan razones para la queja. Vivir en la abundancia de crisis es su sentido de la vida.

Puedes tener una abundancia de crisis
y una crisis de abundancia.

Las polarizaciones en nuestra psique

Jung nos lo explica de una forma magistral cuando nos habla del «proceso de individuación». Nos dice que salimos del Self, el «yo mismo», o sea, del «Todo», para adentrarnos en el mundo dual, en este caso en nuestra mente, donde nace el ego, el «yo» que busca constantemente la diferenciación; en definitiva, la separación. El Self es la unidad, la Consciencia de donde salimos todos. Este se manifiesta en el mundo de la conciencia dual como individualidad. Para poder realizar este proceso surge el ego —nuestra identidad— el cual va viendo la vida desde una conciencia de separación hasta llegar a la consciencia de unidad. Es un viaje de ida y vuelta, de la unidad a la unidad pasado por la dualidad. Vivir en la dualidad con la conciencia de que todo está interrelacionado es el objetivo de lo que se llama «despertar».

Jung divide nuestra psique en consciente e inconsciente, y nos habla de que hay que buscar la fuerza que mueve nuestra vida en el inconsciente, en la información acumulada de la experiencia humana de las generaciones anteriores. Para Jung, el inconsciente alberga una información fundamental para el desarrollo de nuestra psique o viaje de individuación. Fue un gran descubrimiento. Los llama «arquetipos» y sus características principales son que son universales, se activan de una forma instintiva y, sobre todo, están polarizados. Los más importantes son: persona/sombra; ánima/ánimus; héroe/villano; dios/diablo; sabio/ignorante, etc. Despertar al funcionamiento de estas polaridades, que es la esencia de nuestros cursos y seminarios, nos lleva a hacer consciente el inconsciente.

El ego se está proyectando constantemente fuera y crea así la sombra —antimateria—, de tal forma que cuanto más insistimos en buscar la causa de nuestros males, sean de la clase que sean, más forzamos a la sombra a manifestarse, y esta, normalmente, lo hace en forma de crisis. Según cómo gestionemos estos estados de conciencia de sentirse separado de todo o de sentirse conectado a todo, hallaremos la clave para seguir en crisis o transformarlos en abundancia. Por ello Carl G. Jung hablaba del «oro de la sombra». Este es el objetivo principal de este libro: que tú, querido lector, encuentres el potencial que habita en tu interior y que se manifiesta constantemente en tu vida.

Saber vivir en la polaridad es vivir en la sabiduría plena, es vivir en la abundancia. Las crisis se convierten en catalizadores de nuestro potencial. Las crisis son una oportunidad de crecimiento, de desarrollo, de trabajar nuestra neurología y reforzarla con otras conexiones.

«El universo es conexión, es comunicación. Si empiezas a perder eso, empiezas a morirte».[3]

> Saber vivir en la polaridad
> es vivir en la sabiduría plena,
> es vivir en la abundancia.

Como vengo diciendo, todo está interrelacionado; ya nos lo decían los grandes maestros de antaño, como por ejemplo Buda en la «originación interdependiente», que asegura que todo está interconectado. Todo afecta a todo lo demás. Todo lo que es es porque otras cosas son.

> Cuida el exterior tanto como el interior, porque todo es uno.
>
> BUDA

Desde una perspectiva más actual, vemos que la física cuántica ratifica lo mismo con otras palabras. David Bohm, discípulo de Einstein y amigo personal de Krishnamurti, en su libro *La totalidad y el orden implicado*, considera que, en realidad, todo está colocado según un orden preestablecido del que podemos conocer, a través de nuestros sentidos e instrumentos, lo que él llama «orden explicado». Sin embargo, subyacente a este orden existe otro, el «orden implicado»; lo llama así porque considera que está plegado sobre sí y mientras no se despliegue no podemos conocerlo. Dicho de otra manera, uno no puede conocer su potencial —capacidad— si no lo expresa. La suma de los dos formaría la «totalidad».

> Las crisis son una oportunidad
> de crecimiento, de desarrollo.

Al intentar adentrarse en este orden implicado, los físicos han descubierto que, en realidad, en cada átomo de este orden implicado se encuentra la información de la totalidad. Es como si cada átomo tuviera una imagen holográfica del todo. Como ejemplo aclaratorio, imaginemos que nuestro cuerpo es el Todo, y cada parte de él, por ejemplo, la célula, contiene al Todo (información). De una célula se puede clonar un individuo. También han descubierto, cuando han intentado rastrearlo en las partículas más pequeñas en que se puede dividir el átomo —los hadrones y los quarks—, que este orden implicado es multidimensional, es decir, que tiene acceso a otras dimensiones que no conocemos.[4]

Si hacemos una comparación con lo que nos dice Carl G. Jung, el orden implicado sería el Self, el «yo mismo», el «Todo», y el orden explicado sería el proceso de individuación, la experiencia ilusoria de la separación. Este orden explicado se manifestará según la conciencia en la que viva esta fracción del «Todo» llamada «identidad», o sea, el yo egoico.

Nuestros pensamientos, deseos, sentimientos, etc., y la propia conciencia, son fracciones, pequeñas partes de una totalidad, una minúscula parte. Se deduce, por tanto, que nuestra conciencia es una pequeña fracción de una totalidad multidimensional.

Causa-efecto: la polaridad clave

Todo efecto tiene una causa, esto es archisabido, pero esto no quiere decir que esté plenamente integrado en nuestra conciencia. Saber vivir en la polaridad requiere una inversión de pensamiento, reconocer que detrás de todo efecto —experiencia— existe una causa que está ligada a cada uno de nosotros como entes individuales y como colectivo.

Clave: *Tu mundo exterior es el reflejo de tu mundo interior*

Como nos enseñó Jung en su psicología evolutiva, la regla psicológica dice que cuando una situación no se lleva a la consciencia, ocurre en el exterior como destino. En otras palabras, cuando un individuo permanece dividido y no se vuelve consciente de sus propias contradicciones, la Consciencia seguirá repitiendo la situación una y otra vez hasta que tome otra decisión. Parafraseando a Carl G. Jung, el mundo interviene en el conflicto y es desgarrado en mitades opuestas. Se le llama «destino» sencillamente porque no reconocemos que la causa de la división la hemos provocado nosotros mismos.

Dominar la ley de la causa-efecto es aceptar e integrar que todo lo que nos acontece en la vida, a lo que muchas veces llamamos «buena o mala suerte», es una información que tiene que ver con nosotros. Para utilizar la ley de causa-efecto, su potencial de apertura de la mente y, por ende, de la conciencia, debemos decidir cómo vivir la vida. Podemos escoger entre dos maneras antagónicas, que nunca pueden encontrarse. Debemos elegir cuál de las dos nos marcará el rumbo. La llamaremos «elección primordial u original»:

- Vivir desde los opuestos.
- Vivir desde los complementarios.

Vivir desde los opuestos implica vivir en el conflicto permanente. Supone un imposible, que es eliminar la otra polaridad, la que creemos que nos confronta. En el mundo de los opuestos marcamos delimitaciones, la línea de batalla y, desde este posicionamiento, los opuestos son irreconciliables. Entonces vivimos de pleno la crisis conceptual.

Vivir desde los complementarios nos lleva a la integración, al equilibrio emocional. Parafraseando a Ken Wilber en su libro *La conciencia sin fronteras*, la naturaleza no sabe nada de opuestos: todo es un continuo, como la vida y la muerte, como la noche y el día, como la juventud y la vejez; todo es un uno indiviso.

Siguiendo con Ken Wilber, nos damos cuenta de que la física moderna nos proporciona la respuesta al asegurarnos que los conocidos opuestos —reposo y movimiento— han llegado a ser totalmente indistinguibles y ratifica que la realidad es la unión de los opuestos.

La realidad es la unión de los opuestos.

— HABLEMOS DE LAS CRISIS —

Cualquier crisis que experimentamos, sea del tipo que sea, aparece en nuestra vida para evidenciar nuestra propia resistencia a cambiar. Si reflexionamos unos instantes, nos daremos cuenta de que la persona que está acostumbrada al cambio, a la incertidumbre, no experimenta grandes crisis o, mejor dicho, sabe gestionar los estados emocionales consecuentes. Vivir en la incertidumbre implica ver el estado natural de las cosas.

Vivimos en un universo donde el cambio es constante. El control es una ilusión. Toda crisis es una invitación a un replanteamiento de vida.

Las puedes vivir de dos maneras:

- Lamentándote → te paralizas
- Reinventándote → te activas

> Todas las mentes están «conectadas» a un solo campo mental. Tú eres más grande y poderoso de lo que piensas. Entonces, deja de sudar por pequeñeces. Eres parte de un océano de energía y nada te separa de nada.
>
> DAVID CAMERON GIKANDI

> Hay quienes convierten el dolor en sufrimiento; en cambio, hay quienes lo convierten en una experiencia de aprendizaje que les servirá para vivir mejor.
>
> ANTHONY DE MELLO

La persona que está acostumbrada
al cambio, a la incertidumbre,
no experimenta grandes crisis.

Veamos ahora ejemplos reales de superación de las crisis. Las crisis activan la imaginación.

- **Walt Disney**. Cuando peor estaba, recibía numerosas críticas y cosechaba una serie de «fracasos», surgió el ratón Mickey. A partir de él se construyó un imperio.
- **Nelson Mandela**, tras 27 años encarcelado, pudo transformar el destino de un país.
- La pintora **Frida Kahlo** creó algunas de sus mejores obras, la mayoría autorretratos, cuando se encontraba sin poder salir de la cama a causa de un accidente automovilístico. Actualmente estas obras están valoradas en millones de dólares.

Como podemos ver, las crisis activaron el mayor potencial de las psiques de todos ellos, alcanzando elevados niveles de expresión y de manifestación en sus actos y creaciones.

Gestionar las grandes crisis

En un momento u otro de nuestra vida, nos vemos asediados por grandes crisis vitales. La pregunta clave sería: ¿cuántos de nosotros sabemos gestionar una muerte, un divorcio, una separación, lesiones, accidentes, demandas, hacer frente a calumnias y un largo etcétera, que nos producen un gran *shock* emocional?

Todas estas importantes experiencias vitales representan grandes pérdidas y catástrofes para la mente y una amenaza para la supervivencia. Indican un cambio importante y comparten el sentimiento de impotencia, debido a que muchas de ellas son definitivas y permanentes. La mente percibe que la han parado en seco y que no se puede hacer nada con respecto a lo ocurrido. Toda esta experiencia emocional y, sobre todo, no poder cambiar nada, aumenta la intensidad del trauma o conmoción.

Estas experiencias pueden desencadenar toda una serie de sentimientos negativos, como incredulidad, negación, abandono, ira contra Dios o la familia.

Detrás de un *shock*, de un trauma, surgen el resentimiento, la incredulidad, la ira. Todas estas emociones crean un bucle de recuerdos con emociones afines que lleva a la persona a un estado abrumado, de bloqueo, de fracaso. La mente luchará para salir de esa situación, pero se siente bloqueada, atrapada, busca explicaciones y razones. La culpabilidad muchas veces hace acto de presencia y nos lanza al precipicio de la autodestrucción.

No nos queda más remedio que explorar —esta es mi invitación— cómo convertir estas situaciones en ganancias, cómo maximizarlas y emplearlas como trampolín para hacer un salto de conciencia.

El cuerpo no se puede experimentar a sí mismo. Necesita de la conciencia, la cual observa las sensaciones y síntomas que este expresa. Con la conciencia que lo haga resulta importante. El cuerpo es un medio de comunicación; la indagación, la percepción y la explicación de las sensaciones o síntomas son clave para ayudar a potenciar nuestra salud. Él manifiesta sensaciones y eso es lo que experimentamos. Nuestro sistema cortical procesa estas sensaciones, la mente le da un sentido o explicación a esta información, pues esta, que no tiene la capacidad de experimentarse a sí misma, necesita del cuerpo. Debido a nuestra conciencia (*awareness*), tenemos constancia de lo que nos ocurre en la mente, lo que implica que la experiencia está bastante alejada de lo que ocurre en el cuerpo. Porque la mente está sujeta a nuestras percepciones o interpretaciones de las experiencias, o sea, al desarrollo de nuestra conciencia.

Vamos más allá: la propia conciencia es incapaz de experimentarse a sí misma. Necesita del cuerpo, del mundo que la rodea para conocerse a sí misma. Siempre nos estamos proyectando, y si tomamos conciencia de que lo que nos rodea tiene que ver con nosotros, esto ya abre nuestra conciencia. Entonces se experimenta a sí misma. Gracias al campo de la Consciencia (*awareness*) podemos saber lo que ocurre en la conciencia.

Todo este razonamiento nos lleva a la situación del observador, el que entiende esta situación como la manifestación de dos polaridades en apariencia opuestas, aunque en realidad una contiene el tesoro para la otra. Que sin la otra polaridad yo no podría saber cual es mi estado mental y emocional, o sea mi posicionamiento. Nuestra Consciencia tiene la visión de la unidad. Desde esta posición, la que yo llamo la del observador, que observa al pensador o conciencia (véase capítulo VI),podemos aliviar cantidad de dolor y sufrimiento. Se trata de desarrollar la gestión emocional activada por el dolor, el sufrimiento, la ansiedad y el miedo.

Por todo lo expuesto, hay que gestionar todo este desorden emocional desde donde en realidad está produciéndose. Nos preguntaremos: «¿Dónde experimentamos los pensamientos?». Lo normal es que la respuesta sea «en la cabeza». Cuántas veces no habré oído «mi cabeza no para». Pero esto es solo un pensamiento que se sustenta en una creencia.

Lo único que debemos gestionar en los sucesos dramáticos es la energía de las emociones. Lo importante es cómo reaccionamos emocionalmente. Todos somos conscientes de que no todos experimentamos las mismas reacciones frente a acontecimientos similares. Por lo tanto, lo importante no es el hecho en sí, sino quiénes somos frente a este. La autogestión emocional es la clave.

Nuestros sentimientos proceden de nuestras actitudes y creencias, de nuestra manera de considerarlas, de cómo nos vemos a nosotros mismos en el mundo, lo que implica la expresión de varias emociones.

En realidad, no gestionamos las emociones, sino la energía que producen.

La vida ofrece soluciones a todos los problemas. La actitud a la hora de afrontar un problema es clave y condición previa para gestionar un estado emocional. No es tan importante el nombre que le demos, ya sea pena, tristeza, rabia, ira, cólera, frustración, y sí el sentido que le damos a esta emoción.

Siempre nos enfrentamos al deseo de cambiar las circunstancias. Llegamos a creer que podemos manipular y hacer tratos con Dios: «Señor, si me encuentras trabajo, haré esto y lo otro». Como esto no sucede, trasladamos nuestra frustración y nuestra ira a las personas que nos rodean; hay que culpar a alguien porque así creemos que nos liberamos. Lo que hay que evitar es prestar atención a los pensamientos que alborotan nuestra mente y que erróneamente pensamos que son los que van a proporcionarnos la solución. La mente no va a resolver nada porque vive de las experiencias previas y crea sus predicciones. Al final, siempre aporta las mismas soluciones, con lo que entramos en un bucle y las historias se repiten.

Una conciencia que «sabe» que todo está interrelacionado acepta que no se puede hacer nada con respecto a ciertas situaciones y ni siquiera debemos intentar entenderlas. Una persona consciente, que acepta la situación, gestiona el caos emocional tomando distancia emocional; no necesita una situación externa para liberar su enfado o frustración. Se hace una reflexión del siguiente tipo: «Más me vale observar esta situación y aprender para saber qué me está pasando».

Voy a poner un ejemplo del doctor David R. Hawkins, concretamente de su libro *Curación y recuperación*:

> Una mujer recibe un telegrama en el que ponía que su hijo había muerto en Vietnam. Como consecuencia, la mujer deja de hablar, se sienta en una mecedora cerca de la ventana y se dedica a mirar aturdida a través de la ventana. Se encuentra en un estado llamado «apatía», ha perdido la energía por completo. Se niega a comer, apenas duerme y mira por la ventana con los ojos en blanco.
>
> Unos diez días más tarde llega otro telegrama del Ministerio de Defensa en el que dice que todo había sido un error: el hijo no había muerto en el combate; se trataba de otro soldado con el mismo nombre y un número de identidad parecido.
>
> La familia, corriendo, informa a la madre y le dice que su hijo no está muerto. Pero ella continúa balanceándose como si no lo oyera.[5]

Este ejemplo real nos enseña que, aunque cambien las circunstancias externas, no cambia necesariamente la alteración emocional. Ello nos demuestra que hay que lidiar con el proceso emocional y no con la circunstancia externa. Es lógico y muy humano no aceptar determinadas circunstancias de nuestra vida. Lo que sí podemos hacer es comprender que tenemos que afrontar una situación que en sí misma no va a cambiar, aunque nosotros sí podemos cambiar la forma de vivirla.

Recordemos que el dolor surge de la resistencia y de la insistencia del yo personal en gestionar esa situación, del convencimiento de que se debe hacer algo con respecto a lo ocurrido ahí fuera, como por ejemplo demandar a alguien, cambiar de casa, de trabajo, divorciarse... El yo renuncia a controlar y se rinde a la experiencia interna, o sea, acepta la situación y con ello abre la puerta a ver el tesoro que esconde la experiencia vivida. Entonces se produce un cambio de percepción, una apertura de conciencia que libera a la persona gracias a una nueva comprensión de lo vivido. Como ya he expresado en alguna ocasión, no hay que confundir la rendición con la resignación. La rendición no quiere decir «no hacer nada», sino renunciar al control de querer que las cosas sean como le gustaría que fueran a nuestro yo personal.

Las grandes crisis son ocasiones en las que damos grandes saltos de conciencia. Este es el verdadero trabajo espiritual. Se trata de decirnos: de acuerdo, estas vivencias, por dolorosas que sean, me permiten dar un salto de mi conciencia, avanzar en mi sabiduría, conocimiento y fortaleza de mente. Entregamos a la Consciencia, la inteligencia universal, lo ocurrido, cómo nos sentimos. Somos conscientes de que las experiencias agudas son las semillas, la esencia misma, de una experiencia espiritual trascendente.

> Mi religión consiste en una humilde admiración del ilimitado poder del espíritu superior que se revela en los detalles leves que podemos percibir con nuestra frágil y débil mente.
>
> ALBERT EINSTEIN

> La espiritualidad es transformadora; es decir, la auténtica espiritualidad es revolucionaria. No legitima el mundo, sino que lo quiebra; no consuela al mundo, sino que lo destruye. Y no provee al yo complacencia, sino que lo deshace.
>
> KEN WILBER

Soy muy consciente, por mi experiencia personal y por las experiencias de otras personas que han pasado por mi vida —y les aseguro que han sido muchas—, que estas expresan gratitud por la experiencia vivida, añadiendo que no les gustaría repetirla. Muchas veces me han dicho que gracias a lo que han vivido, aceptar la situación — la crisis— ha provocado una especie de catarsis que les ha llevado a vivir con un bienestar emocional que antes no se imaginaban.

Estas experiencias tan abruptas, tan agudas, son como catalizadores que nos hacen conectar con el núcleo de nuestro Ser. Se podría decir que la persona que ha tocado fondo se eleva progresivamente. La apertura de conciencia que conlleva tal crisis nos permite saber, experimentar que hay algo mucho más grande que el yo personal.

El yo produce dolor y sufrimiento; el Ser irradia paz y plenitud.

Como reflexión final y resumen de este apartado, y en respuesta a una pregunta que hace una mente inmersa en la dualidad, planteo el siguiente interrogante: ¿Qué sentido tiene vivir en la dualidad?

Una de las posibles respuestas sería: ¿Cómo sabes que estas alegre si no conoces la tristeza?

Un día una profesora pregunta a sus alumnos de siete años: ¿Qué pasaría si no existiera la tristeza? Casi todos contestaron que siempre estarían alegres. Pero hubo un niño que dijo: no podemos saber que estamos alegres si no conocemos lo que es estar tristes.

¿Cómo puedo conocer mi potencial? Viviendo situaciones que me activen a expresarlo. Por eso los problemas, las crisis, que se viven en la dualidad me permiten conocerme.

¿Qué hay que hacer?

> El arte de dejar que las cosas sucedan, la acción a través de la no acción, liberarse de uno mismo, como dice Meister Eckhart, es para mí la llave que abre la puerta del camino. En el mundo del psiquismo debemos ser capaces de permitir que las cosas sucedan.
>
> CARL G. JUNG

— LA DUALIDAD EN LA BIOLOGÍA —

El cerebro es el órgano fundamental que nos permite gestionar el mundo en el que vivimos. Este es una manifestación física de la dualidad, pues tiene dos hemisferios y cada cual tiene una función que se complementa con la otra.

En síntesis, el hemisferio derecho gestiona el mundo abstracto, el de las ideas, el de la inspiración. El hemisferio izquierdo es el que gestiona el mundo concreto, el que hace aterrizar, por así decirlo, lo que su hermano abstracto propone. Podríamos decir que tenemos dos conciencias en una misma cabeza. Hay experimentos que así lo demuestran, como por ejemplo la separación mediante cirugía de los dos hemisferios, como los realizados por el doctor Roger Sperry, en los que se demostró que, enseñando la misma imagen a una persona con el cerebro dividido y evitando que sean los dos ojos a la vez los que la vean, las reacciones eran muy diferentes. La conclusión de Sperry fue que «el ser humano tiene dos hemisferios que procesan la realidad de formas diferentes y que, además, se complementan. Demostró la especialización funcional de cada uno de los hemisferios, por lo que recibió el premio Nobel de fisiología en 1981. Los resultados de Sperry abrieron una ventana a un mundo desconocido. Los pacientes con cerebro dividido (split-brain) demostraron que el hemisferio izquierdo y el derecho tenían funciones diferentes, habilidades especializadas e incluso personalidades distintas, (https://jralonso.es/2014/12/22/dos-cerebros-dentro-del-craneo/).»

El hemisferio derecho es especialista en la imaginación, o sea, en el proceso creativo. Procesa millones de datos de información simultáneamente y encuentra la relación entre estos elementos. Se manifiesta en nuestro cuerpo en forma de sensaciones y es el que está más conectado al sistema límbico, el centro de las emociones. El hemisferio izquierdo, por su parte utiliza el razonamiento, las palabras, y se materializa en el análisis, en lo concreto.

Con relación a todo lo expuesto, la doctora Jill Taylor sufrió un ictus —accidente cerebrovascular— en el hemisferio izquierdo. Debido a su formación, pudo explicar y describir toda la experiencia. No podía pedir ayuda porque era incapaz de descifrar los números del teléfono. Lo realmente asombroso fue que poco a poco iba perdiendo el sentido de la identidad mientras entraba en un estado de paz y de alegría. Experimentó la unidad de todo, una experiencia tan agradable que no quería salir de allí. Al final la rescataron, la operaron con éxito y hay que decir que le costó ocho años recuperarse por completo.

Según este testimonio, podemos deducir que nuestro cerebro está conectado al campo de la Consciencia y al campo de la dualidad. Para poder escribir este libro, mi mente, a través de su soporte —el cerebro—, puede recibir ideas y plasmarlas en papel o, lo que es lo mismo, en palabras. Para crear algo en este mundo, hay que estar con la cabeza en el Cielo y los pies en la Tierra.

Trascender los opuestos

Si estamos dispuestos a hacer un cambio en nuestras vidas y ampliar nuestra conciencia, podemos trascender los opuestos, pasando por la comprensión de las dos polaridades, o sea, ir desde el pensamiento digital al pensamiento analógico; del específico al holístico; de un enfoque lineal a uno no lineal, como, por ejemplo: dualidad/no-dualidad; ego/espíritu; visible/invisible; fuerza/poder; percepción/visión; la parte/el todo; temporal/infinito.

Todos los conflictos, todas las crisis surgen de los posicionamientos. La comunicación surge como necesaria en las diferentes formas de percibir y comprender cada situación. Saber ponerse en el sitio del otro, en su forma de percibir, es muy importante para trascender una crisis. La percepción establece el mundo de la separación. Las crisis se convierten en abundancia cuando los posicionamientos se acercan y se ven como aspectos necesarios de la realidad en la que vivimos. Al hacer que nuestra mente entre en un estado de no oposición, se trasciende la dualidad, surge la mentalidad paradójica y, con ella, el crecimiento, y, con suerte, la sabiduría, en lugar de la autocompasión y la amargura.

Atención a la pregunta ¿qué pasaría si...? Es un recurso mental para la duda de una persona atrapada en la dualidad, en la resistencia a cuestionarse su percepción. Es un producto espurio, falso, de la imaginación, cuya motivación es la autojustificación de una postura. Siempre encierra la vanidad de tener razón y refutar cualquier otro punto de vista.

La percepción de los sucesos ocurre en el tiempo y es análoga a la que vive un viajero en un tren. El paisaje se despliega frente a sus ojos; pero en realidad nada se despliega ni nada se manifiesta: solo existe la progresión de la conciencia. Los opuestos existen solo en función de la posición del observador. En la trascendencia de los opuestos no hay objeto/sujeto. En último término, no hay ni dualidad ni no-dualidad; solo hay Consciencia. El límite de la conciencia es la percepción.

> Ser conscientes de que percibimos es ser conscientes de que existimos.
>
> ARISTÓTELES

Reflexiones atemporales con relación a la no-dualidad
Veamos las siguientes reflexiones de grandes maestros de antaño y de la actualidad:

> El tao nos invita a tomar consciencia de que lo que percibimos como opuestos son, al mismo tiempo, opuestos y uno.
>
> Decir que los opuestos son polaridades es afirmar que están muy separados: significa decir que están relacionados y unidos, que son los términos, cabos o extremidades de una sola totalidad. Los opuestos polares son inseparables, como los polos de la Tierra o de un imán, o las puntas de un bastón o las caras de una moneda.
>
> ALAN WATTS

> ¿Hay diferencia entre el sí y el no?
> ¿Hay diferencia entre el bien y el mal?
> ¿Debes temer lo que los hombres temen? ¡Qué desatino!
> Tener y no tener nacen juntos.
> Difícil y fácil se complementan.

Entre largo y corto hay contraste.
Alto y bajo uno a otro se apoyan.
El frente y el dorso se siguen.

LAO TSE

Así, quienes dicen que quisieran tener lo justo sin su concepto correlativo, lo injusto, o el buen gobierno sin el suyo, el desgo-
bierno, no captan los grandes principios del universo ni la naturaleza de toda creación. Lo mismo sería hablar de la existencia
del Cielo sin la de la Tierra, o del principio negativo sin el positivo, cosa claramente imposible. Sin embargo, las gentes siguen
discutiendo de esto sin cesar; gentes así deben de ser tontas o
bellacas.

CHUANG TSE

Creer que la sustancia del universo es la materia es caer en la
dualidad, es quedarnos atrapados en el miedo, en la carencia y
en la necesidad.

ARISTÓTELES

Quizá podamos empezar a entender por qué la vida, cuando
se la considera como un mundo de opuestos separados, es hasta
tal punto frustrante, y por qué el progreso ha llegado a convertirse en la actualidad no en un crecimiento, sino en un cáncer. Al
intentar separar los opuestos para aferrarnos a aquellos que consideramos positivos, tal como el placer sin dolor, la vida sin la
muerte, el bien sin el mal, en realidad nos empeñamos en atrapar fantasmas sin realidad alguna.

KEN WILBER

Según la teoría gestáltica de la percepción, jamás aprehende-
mos ningún objeto, acontecimiento o figura, a no ser con relación a un fondo que le sirve de contraste. Lo que registran verdaderamente los ojos es siempre el conjunto. Solo nosotros nos

empeñamos después en generar separaciones, fronteras y líneas de demarcación con todo, lo que genera enfrentamiento y frustración.

Ken Wilber nos recuerda que liberarse de los pares, en términos occidentales, es el descubrimiento del Cielo en la Tierra, ya que el Reino de los Cielos es un estado de no posicionamiento, de «no-dualidad».

Las escrituras nos muestran exactamente lo mismo en palabras de Jesús, en el evangelio apócrifo de Tomás:

> Cuando hagáis de los dos uno y hagáis el interior como el exterior y el exterior como el interior y lo de arriba como lo de abajo, y cuando establezcáis el varón con la hembra como una sola unidad de tal modo que el hombre no sea masculino ni la mujer femenina, (...) entonces entraréis en el reino.

Evangelio de Tomás

Y, para terminar, una reflexión simple:

Hablen bien o hablen mal de uno no importa, pues lo importante es que hablen, ello demuestra que mi mensaje llega a todas las mentes. Cuanta más energía ponga la oposición, si mi mente evita la confrontación, o sea, el conflicto, más fuerza coge mi mensaje.

· RECORDEMOS ·

- Aprender de las polaridades: hacia la integración.
- No hablar de los demás.
- Saber que lo que te altera está en ti.
- Comprender que todo está relacionado con nosotros.
- Comprender que te relacionas con personas que te complementan.
- El cambio que anhelas está en ti. Tu mundo exterior es el reflejo de tu mundo interior.
- El universo es energía, información y vibración.
- Puedes tener una abundancia de crisis y una crisis de abundancia.
- Ejercita tu mente. Haz una inversión de pensamiento.
- Tú decides: vivir con opuestos o con complementarios.
- Las grandes crisis son catalizadores para abrir tu conciencia al Ser.
- El yo produce dolor y sufrimiento; el Ser irradia paz y plenitud
- La actitud de afrontar un problema es clave y condición previa para gestionar un estado emocional.
- Liberarse de los pares, en términos occidentales, es el descubrimiento del Cielo en la Tierra, ya que el Reino de los Cielos es un estado de no posicionamiento, de «no-dualidad».
- Evita la pregunta «¿Y si...?» porque es un intento de la mente de mantenerse en la dualidad, de resistirse a cambiar de percepción.

CAPÍTULO II

SOMOS UN CAMPO DENTRO DE UN CAMPO INFINITO

> Mira dentro de ti, entiende que existe un generoso reino de felicidad autosuficiente. Tú no lo habías encontrado antes dentro de ti porque tu atención estaba volcada hacia las cosas en que crees o hacia tus ilusiones con respecto al mundo.
>
> ANTHONY DE MELLO

— INFINITAS CAPAS DE COMPRENSIÓN —

Hemos de tener muy presente que nuestra mente no puede comprenderlo todo. Entender no es comprender; uno puede entender algo, pero no por fuerza comprenderlo. Comprender es hacer propio lo que se entiende y actuar en congruencia con ello. La comprensión te embarga, hace que te caiga la venda de los ojos y te impulsa a una acción llena de coherencia. Por supuesto hay infinitas capas de comprensión de una experiencia cualquiera. Lo importante es que este nuevo estado mental te lleve a un equilibrio interior emocional.

En nuestros cursos y seminarios acompañamos a las personas a desarrollar otra percepción del conflicto o estrés que están viviendo. Nuestras explicaciones suelen entenderse, pero vemos que su comprensión no se abre a este entendimiento. Normalmente la excusa es siempre la misma: «Es fácil decirlo o verlo, pero muy difícil hacerlo». Es más, estas personas no comprenden cómo sus compañeros del seminario no aplican en su vida lo que se ha explicado; ¡qué fácil es ver la paja en el ojo ajeno...! Alguien dijo que las historias humanas son pocas y se repiten constantemente; lo único que cambia son los personajes y los decorados. Lo que ocurre es que nos resulta muy complicado hacer una transferencia del caso observado a la vida personal.

La plena comprensión libera la mente de los bloqueos —creencias— generados en edades tempranas. La persona que entiende algo busca una solución; por lo general se pregunta qué o cómo hacer algo. La persona que comprende toma conciencia, no pregunta, sabe lo que tiene que hacer en su vida. No mira atrás, su mente se abre a otras posibilidades de vivir, que siempre han estado presentes. Solo sus bloqueos, sus ganas de entender lo que le pasa, le impiden tomar las riendas de su vida.

La persona que entra en un estado de comprensión crea otras experiencias de vida que la llevan a otros estados de comprensión más elevados, por así decirlo.

La comprensión es como una cebolla: a medida que vas quitando capas —bloqueos—, uno se libera y se adentra en la esencia de todo conflicto, que es uno mismo.

La comprensión máxima es vivir con la certeza de que hay que entender y experimentar cada vivencia con la consciencia de que todo está relacionado con uno mismo. Entonces se produce la «alquimia», el proceso de integración, que señala que la mente no percibe nada como separado; una mente que no busca la solución fuera, una mente que sabe que siempre está frente a sí misma. Esto no hay que entenderlo, hay que vivirlo, experimentarlo. Es la gran conquista que proponemos.

David Carse, en su libro *Perfecta, brillante quietud,* nos habla de que la completa comprensión es rendición, porque la comprensión es el inicio de «hágase tu voluntad», y concluye con el hecho de ver que uno no es. La auténtica rendición es la muerte de la individualidad, por mucho que te lleven a razonar (el razonamiento lo utilizamos o lo utilizan para seguir con las mismas posturas), como por ejemplo, con tu apego. Apego a tu identidad, a lo que crees que eres. David Carse nos muestra con una claridad meridiana la idea Advaita: «Cuando hay comprensión es evidente que no existe una identidad «tú», que pueda liberase o no, que pueda rendirse o no». El fundamento último de la comprensión es que tú no eres.

En definitiva, la comprensión no puede enseñarse, aunque sí puede aprenderse. No pertenece a la condición humana, se manifiesta en nuestra conciencia cuando desarrollamos la mentalidad paradójica. Cuando trascendemos los opuestos, entonces la discordia se convierte en concordia. La comprensión sería como despertar a lo que el mundo no puede ver porque está dormido, y permanecer dormidos ante lo que el mundo cree que es importante. Está escrito: «Todo aquel que pierda su vida la hallará».[6] Es una frase llena de sabiduría, que nos invita a desapegarnos del mundo y de los bienes terrenales. No quiere decir que tengamos que vivir en la pobreza y convertirla en algo santo. El estado de pobreza no dignifica a la persona, de la misma manera que quedarse atrapado en la riqueza y el poder tampoco.

Todo esto nos conduce directamente a la paradoja de la riqueza y la pobreza, las dos polaridades que, en su posicionamiento extremo, nos atrapan, nos encadenan y, sobre todo, nos quitan la libertad. Es exactamente lo mismo estar atrapado en querer más y más y creer que ser pobre te lleva a la santidad. Son dos polaridades que se complementan: la pobreza es lo mejor o lo mejor es la riqueza. Tener abundancia es un estado mental que te permite abrir la mente a otras personas para que puedan vivir dignamente y desarrollar una mente abundante, que es uno de los propósitos de este libro. La abundancia no es tener millones de euros o dólares en el banco.

Como ejemplo paradigmático de ser abundante y de conocer las leyes del universo tenemos la vida de Andrew Carnegie. Nació en Escocia en el año 1935, emigró con su familia a EE. UU. cuando tenía trece años. Siempre dio lo mejor de sí mismo en cualquier trabajo u oportunidad que le daban; siempre desarrollaba mejoras en cualquier trabajo del que se hacía cargo. Estudió el sistema de las vías del tren y pronto se hizo superintendente. Invirtió el dinero que había ahorrado en una compañía de petróleo. Con las ganancias fue a Inglaterra para aprender cómo hacer acero más duradero y más barato que el americano. Regresó a EE. UU. y construyó una enorme planta de acero, que vendió por una fortuna valorada en 450 millones de dólares. Dedicó el resto de su vida a la filantropía, construyó muchas bibliotecas y universidades. Levantó hospitales, museos y teatros, como el Carnegie Hall en Nueva York. Murió a la edad de ochenta y tres años. Durante su vida llegó a donar el 99 % de su fortuna. Para el lector interesado le recomiendo el libro de Napoleón Hill, *Piense y hágase rico*.

Tomar conciencia

Tomar conciencia implica que mi mente se abre al campo de la consciencia. El límite de la dualidad está marcado allí donde empieza la consciencia (unidad). Cuando vamos ampliando nuestra conciencia (dualidad), gracias a trascender los opuestos, o lo que es lo mismo, vivir en la paradoja, nuestros pensamientos cambian, sencillamente porque cambiamos nuestra percepción. Cuanto más nos adentramos en una mentalidad paradójica, más silenciosa se vuelve nuestra mente. En esta quietud mental, en este estado mental donde los ruidos empiezan a disminuir, nos percatamos de que hay un fondo de inteligencia y sabiduría que de alguna forma siempre está comunicándose con cada uno de nosotros. Muchas veces lo llamamos «vocecita interior» y casi nunca la escuchamos.

Seguimos con el proceso de integrar lo que es tomar conciencia. Nuestro trabajo en Bioneuroemoción consiste en desarrollar la mente a otros niveles de comprensión, en lograr una apertura que nos permita deshacer lo que habíamos entendido hasta ahora, porque por fin comprendemos que todo nuestro entendimiento crea un entramado de limitaciones. A este estado algunos lo llaman «revelación», lo que indica claramente que conectamos con una «información», unos pensamientos que no estaban en nuestra mente; es algo nuevo y nos sorprende. Por fin tenemos la certeza de lo que debemos hacer. La «revelación» nos posee por una sencilla razón: su vibración, su frecuencia, es mucho más elevada que la que estábamos empleando hasta el momento.

Cuando tomamos plena Conciencia de algo, no lo vemos igual que antes; es como si se nos cayera una venda de los ojos. El paso previo es la comprensión, y esta empieza cuando nos cuestionamos nuestras percepciones y ya no nos identificamos con ellas como si fueran verdad.

Veamos un pequeño ejercicio mental:

Ejercicio
- Identifica la emoción negativa que estás experimentando.
- Entiende que esta emoción está en ti, no en el mundo, no en la realidad externa.
- No la consideres como parte esencial de tu yo; las emociones vienen y van.
- Comprende que, cuando cambias, todo cambia. El primer cambio es darte cuenta de que siempre estás interpretando.

Recuerda: no debes hacer nada para cambiar, solo tienes que comprender.

Podemos decir de una forma taxativa que tú, querido lector, entenderás este libro en la medida en que quieras, por la sencilla razón de que tienes que hacerte consciente de tus propias limitaciones, que te impiden llegar a un estado de comprensión plena. Pero no te preocupes: todo es un proceso de liberación de unas cadenas que te atenazan la mente. Estas irán cediendo en la medida en que la comprensión tome posiciones y dejes atrás el entendimiento.

Cuando uno toma consciencia,
pasa rápidamente a la acción.

Veamos un ejemplo:

Ejemplo

Hombre de treinta y cinco años que se queja de que su madre no acepta ninguna de las relaciones que tiene.

Le hacemos preguntas reflexivas tales como:

- ¿Para qué necesitas la aprobación de tu madre?
- ¿De qué te quejas?, ¿no te das cuenta de que ella te manipula, no quiere que te vayas, te quiere mantener a su lado, está proyectando sus miedos...?

Eres un hombre inteligente, pero no vives tu vida; te atan unas cadenas mentales, unas creencias que te lo impiden. No olvides que tú tienes el poder de decidir tu vida. ¿Para qué le entregas este poder a otra persona?

La larga experiencia que tenemos nos ha enseñado que la madre que se comporta así ha tenido, a su vez, una madre que la ha abandonado de una forma real o simbólica, que su papá estaba ausente y ella ha proyectado su soledad en sus hijos.

La persona que hace la consulta está esperando de una forma inconsciente la atención de su madre, la aprobación, y esto le paraliza en espera de algo que no va a ocurrir. La clave está en él; su vida es suya y de nadie más. No puede esperar que su madre le quiera como a él le hubiera gustado que le quisiera.

Esto es fácil de entender. Mucha gente se queda aquí, esperando que el otro cambie.

Cuando comprendes, actúas de una forma congruente. No miras atrás, sabes que tu vida te pertenece. No hay resentimiento, pues la comprensión vive en un campo de consciencia infinitamente superior al del entendimiento. En la plena comprensión o toma de consciencia plena no hay juicio alguno. Hay una inversión de pensamiento, con el consiguiente cambio de percepción: aquello que antes se veía fuera, ahora se ve dentro.

Veamos otro ejemplo, esta vez más concreto:

Ejemplo

Le pregunto a una mujer: «¿Por qué te separaste de tu pareja?».
El contexto previo es que vive con un hombre que tiene un hijo y ella tiene otro.

R.- Es que maltrataba a mi hijo.
P.- ¿Me lo describes, por favor?
R.- Mi hijo y su hijo discuten por un juego y el mío lo empuja. Yo le llamo la atención y entonces el hijo de mi pareja le grita y lo insulta. Mi pareja sale en mi defensa.
P.- Entonces me dices que tu pareja sale en tu defensa y crees que maltrata a tu hijo.

Reflexión: Tomó conciencia de que era ella quien se dejaba maltratar por su hijo, de que lo tenía sobreprotegido, de que está creando y criando a un futuro maltratador.

Hay que decir que esta señora está condicionada por las experiencias, gritos y peleas que había en su casa cuando era pequeña. Ella estaba muy condicionada por su madre, que vivía las situaciones estresantes como víctima con relación a su marido, el padre de la señora que consulta.

Cuando uno toma consciencia, pasa rápidamente a la acción. Sabe lo que tiene que hacer. Nunca pregunta cómo ni cuándo ni de qué manera. La solución siempre está en uno y pasa por integrar la enseñanza que encierra todo conflicto.

El conflicto

Nuestra mente dual vive en un conflicto permanente; de hecho, es la esencia de su existencia.

Tú quieres ser capitán de tu equipo de fútbol, pero uno de tus compañeros es mejor que tú; esto no te gusta y automáticamente creas un conflicto. Estás casado y tu pareja tiene un trabajo que hace que esté mucho tiempo fuera de casa; tú quieres que tu pareja esté más contigo y automáticamente creas un conflicto. Quieres tener algo, pero no puedes; entras en un conflicto.

La esencia del conflicto es desear una serie de cosas, ya sean materiales o espirituales, que no consigues obtener. Llamamos «conflicto» a un estado mental desordenado que busca un nuevo orden. El problema es que siempre esperamos que la solución venga del exterior.

Lo que te libera del conflicto es comprender lo que eres y ver todas las implicaciones de lo que eres. Todo conflicto encierra un deseo; entonces, te haces la pregunta «¿cómo puedo liberarme del deseo?», sin darte cuenta de que estás expresando otro deseo.

El deseo nace de un estado mental de separación y de la creencia de que tú no tienes algo. Desearlo implica que tú no lo tienes o, lo que es peor, que no eres consciente de que, potencialmente, lo tienes todo. Una mente que vive polarizada desea el placer y desdeña todo lo que puede causarle dolor. No somos conscientes de que, si vivimos en ese estado que llamamos «placentero», a la corta o a la larga va a llevarnos al conflicto.

Como puedes ver, estamos entrando en otra paradoja, la del placer y el dolor. Todo el mundo sabe que existen personas a las que el dolor les causa placer y el placer les causa dolor. Para poner un ejemplo muy práctico: tú no puedes comer sin medida algo, aunque lo consideres placentero, porque sabes que te va a causar dolor.

Si ponemos en manos del ego esta paradoja, este irá a buscar lo que considera placentero y lo llamará «bueno» al tiempo que intentará evitar todo lo doloroso y lo llamará «malo». Este tipo de pensamiento es la esencia de todo conflicto. Es una lucha permanente por evitar aquello que consideras malo, aunque sepas que tarde o temprano vas a caer en sus garras. Puedes convertir el dolor en un estado de bienestar cuando comprendes que encierra otras posibilidades y que al hacerlas conscientes te llevan a un estado de bienestar o placer. El dolor te lleva a otros estados mentales que requieren autoindagación, un cambio de actitudes y, muy probablemente, acciones libres de resentimiento.

Veamos un ejemplo de experiencia de dolor físico en este caso.

Una señora me consulta que le duelen los dientes. Ella lleva su historia muy bien explicada, diciendo cosas como:

Mi estrés previo al síntoma fue que me despidieron del trabajo, no domino el idioma inglés (es emigrante a EE. UU.), problemas económicos, etc.

Después de ir indagando y buscando cual es el auténtico estrés, este se manifestó.

Su marido —mucho mayor que ella— es alcohólico, apenas aporta nada de dinero a casa. Tiene miedo que se ponga enfermo, y me dice: «En este país, como te pongas enfermo estás muerto».

Toma conciencia de que no quiere estar con él, expresa su resentimiento: ¡¡quiero que se muera!! Comprende que repite la historia de su madre, marido alcohólico, maltratador, ausente y madre aguantando y aguantando. Ella comprende que fue su elección casarse con él, que ya antes de casarse tenía problemas con el alcohol. Que ahora es libre de hacer aquello que su madre no supo o no pudo hacer. Desaparece el resentimiento, comprende que ella sostiene el problema y la solución.

También tenemos que comprender que la esencia del conflicto se encuentra en nuestro inconsciente. Por lo tanto, el estado ideal en el que la mente debe sumergirse es que aceptar todo conflicto es una manera de progresar.

Para trascender el conflicto se requiere una gran capacidad de observación. Esta forma de observar no tiene que ser una disciplina, pues generaría otro conflicto; se convierte en un hábito porque no cae en la trampa de creer que antes lo hacía mal y ahora tengo que hacerlo bien. Es un proceso, entendiendo por proceso la integración de una situación que veíamos como conflicto cuando nos posicionábamos, y al ponernos mentalmente en la posición complementaria, el conflicto disminuye.

Aceptar todo conflicto
es una manera de progresar.

Vamos a ahondar con otro ejemplo para entender cómo pensamos e interpretamos situaciones que nos resultan conflictivas y que convertimos en un problema. Tomemos consciencia con este ejemplo, que nos muestra que la raíz de toda crisis es el egoísmo y que, cuanto más profundo es este, más nos impide reconocer la esencia, el bloqueo, para llegar al equilibrio del bienestar.

Ejemplo

Una mujer se lamenta de que a su marido no le gusta la comida que le hace y aclara que a ella le gusta mucho cocinar.

Veamos la forma de abordar esta situación: se le hacen preguntas reflexivas para que tome conciencia gracias a una nueva comprensión.

1. ¿Le has preguntado qué le gustaría comer? ¿Se queja de todas las comidas o de alguna en concreto?
2. ¿Eres consciente de que a alguien a quien le gusta cocinar le encanta agasajar a los que comen sus platos? ¿Cocinas para ti o para tu familia?
3. Vamos a suponer que es tu marido el que cocina y a ti no te gustan las patatas fritas. ¿Qué pensarías si él te cocinara cada día patatas fritas?

A este proceso lo llamamos «inversión de pensamiento».

El problema de mucha gente es que se pasa la vida intentando arreglar cosas que no entienden.

Siempre estamos arreglando cosas, ¿no es cierto? Nunca se nos ocurre que las cosas no necesitan estar arregladas. Verdaderamente es así. Está claro. Tienen que ser comprendidas.

Si las comprendes, cambian.

ANTHONY DE MELLO, *Despierta*

— VIVIMOS EN UN CAMPO DE CONSCIENCIA INFINITO —

Somos consciencia dentro de diversos campos de consciencia que a su vez están englobados en una consciencia universal e inteligente. Para dar con una analogía sencilla, fíjate en las muñecas rusas: una mayor contiene un número de muñecas y estas, a su vez, otras muñecas. Imagina que cada muñeca ocupa un lugar según su vibración de conciencia y, a medida que esta se cuestiona sus limitaciones, su forma de ver y de entender su mundo, se convierte en la muñeca superior, y así sucesivamente.

Nuestro cuerpo es un universo para todos los millones de seres que viven en nuestro interior, por ejemplo, las células, los virus y las bacterias, los cuales desempeñan funciones específicas con una inteligencia suprema. Nuestras células se constituyen en órganos. Somos un sistema lleno de sistemas y, para gozar de salud, es imprescindible que todos y cada uno de ellos estén bien comunicados y sincronizados. Cualquier tempestad emocional puede ser el principio de desequilibrios funcionales, que si se mantienen pueden causar daños irreparables. Nuestro sistema se rige por una homeostasis, que, por definición, es un conjunto de fenómenos de autorregulación que conducen al mantenimiento de una constancia relativa en la composición y las propiedades del medio interno de un organismo. Con un estrés mantenido en el tiempo, esta homeostasis pierde coherencia y nuestro sistema entra en el caos o el desorden; es lo que denominamos «enfermedad».

Lo expuesto hasta ahora se puede extrapolar a lo que se ha dado en llamar «homeostasis planetaria», concepto que acuñó Lovelock, un químico que propuso una hipótesis llamada Gaia, según la cual la Tierra es un ser vivo. Es posible comprobarlo por el nacimiento espontáneo de plantas o por los nutrientes contenidos en los desechos, que son fundamentales para la Tierra, y por los cambios físicos que esta realiza con respecto a los movimientos provocados por la acción del ser humano. Puesto que la Tierra (Gaia) se encarga de autorregular las condiciones esenciales, estos procesos *ad hoc* explicarían la homeostasis planetaria.

Hoy en día podemos comprobar que esta hipótesis es plausible, por ejemplo, con el cambio climático: la Tierra busca su equilibrio ante las acciones de los seres humanos, que no parecen tener consciencia de que sus decisiones afectan al medio ambiente y, por ende, al cuerpo humano.

Leemos en *La Vanguardia*: «La pérdida de naturaleza provoca un aumento del riesgo de pandemias». Por su parte, la organización WWF (Fondo Mundial para la Naturaleza) ha presentado un informe sobre la relación directa que existe entre la destrucción de la naturaleza, el cambio climático y el aumento del riesgo de pandemias como la actual COVID-19. En la misma línea, Juan Carlos Olmos, secretario general de la WWF en España, señala: «Más del 70 % de las enfermedades humanas en los últimos cuarenta años han sido transmitidas por animales salvajes. Hay casos muy conocidos, como la gripe aviar, el ébola, el sida y la COVID-19».

Los virus y las bacterias conviven con nosotros desde siempre y en un hábitat bien conservado, con una gran variedad de especies que se relacionan en equilibrio, los virus se distribuyen entre las distintas especies y no llegan a afectar al ser humano. Sigue Juan Carlos Olmos en la contra de *La Vanguardia*: «Cuanto mayor es la destrucción de biodiversidad, más riesgo de epidemias, porque altera las cadenas ecológicas y tróficas, y reduce el control natural establecido por la propia naturaleza».

Para la WWF la solución a este problema pasa por cuidar la salud de nuestro planeta. Por eso propone proteger la naturaleza, frenar la extinción de especies, la pérdida de biodiversidad, mantener la integridad de los sistemas naturales, terminar con el tráfico ilegal y el consumo de animales silvestres, luchar contra el cambio climático, cambiar el actual modelo de producción y consumo...

Como se puede ver en este informe, el problema está en nosotros; por lo tanto, la solución también. La crisis de la COVID-19 es una maravillosa oportunidad para tomar conciencia de que somos un sistema dentro de un sistema mayor que nos da la vida, y si nosotros lo desequilibramos, nosotros somos los que perecemos.

Toda crisis lleva implícito un cambio y este tenemos que llevarlo a cabo nosotros como especie y como sociedad. Cuando se desequilibra una parte de nuestro cuerpo, se produce una llamada de atención para realizar cambios en nuestra vida (entiéndase cambios en nuestras relaciones interpersonales, en hábitos más saludables como ejercicio, dietas más equilibradas, etc.).

Pero hay que tener presente que esto tiene su refrendo en nuestra psique. Según Carl G. Jung, la psique es la totalidad de la estructura psicológica del ser humano, es decir, el conjunto de funciones sensitivas, afectivas y mentales del individuo.

Toda crisis lleva implícito un cambio.

La psique es un campo —sistema— que contiene otros sistemas, que en este caso serían, de mayor a menor, inconsciente colectivo, inconsciente familiar, inconsciente individual y consciente. Este último ocuparía entre un 5 y un 7 % del campo llamado «psique». Todos los campos de nuestra psique están interrelacionados y las informaciones del inconsciente procuran manifestarse en el consciente. Cualquier resistencia a indagar en nuestra vida y todas nuestras situaciones, sean estas interpersonales o con el medio ambiente, tiene repercusión en nuestra vida. Por ello es preciso gestionar cualquier crisis emocional a través de la comprensión del «para qué» vivimos cada experiencia. Cuando damos este paso con plena conciencia abrimos la mente y el nivel de consciencia aumenta.

La ciencia de la complejidad

Nuestro método en Bioneuroemoción (BNE) promulga un viaje consciente desde una mente que se cree y se siente separada de todos los sistemas a una mente que siente que está interconectada con todo.

Por ello la parte psicológica se asienta en el hecho de que vivimos en un campo de consciencia que es nuestro caballo de batalla o punto de inflexión. En Bioneuroemoción estudiamos la realidad como un todo en el que las partes están interrelacionadas y en comunicación.

La consciencia del yo es una fase del desarrollo humano, como ya nos indicaba Carl G. Jung en lo que llamó «proceso de individuación», que «implica la separación con el entorno para adquirir la identidad, la individualidad y la independencia. En tanto en cuanto esta separación supone un aislamiento y una oposición del entorno, su visión es parcial y, como tal, ficticia. El concepto de campo de self (organismo-entorno) de la teoría de la terapia Gestalt traslada la naturaleza del "yo" de identidad a función y se inserta en el paradigma que se expresa a través de la física cuántica y de las ciencias de la complejidad», (https://www.tendencias21.es/El-Yo-es-un-concepto-con-fecha-de-caducidad_a32818.html). Lo que quiere decir que todo está interrelacionado e interconectado, siendo el «yo» la expresión en el mundo dual del *self* (el sí mismo) en la unidad. Mi identidad es la expresión de una potencialidad. Es lo mismo que la naturaleza de la luz, que es onda y partícula a la vez. Nosotros somos el *self* (onda) y la identidad, el yo, o sea la partícula.

El concepto de «yo» pertenece al paradigma newtoniano, y el del *«self organismo-entorno»* de la teoría de la terapia Gestalt es un concepto del paradigma de campo, y se une al camino que están abriendo la física cuántica y las nuevas ciencias de la complejidad, (https://tendencias21.levante-emv.com/el-yo-es-un-concepto-con-fecha-de-caducidad_a32818.html).

Por «ciencia de la complejidad» hay que entender una nueva filosofía sobre el comportamiento colectivo de muchas unidades básicas que interactúan entre sí; estas pueden ser átomos, moléculas, neuronas o bits dentro de un ordenador. La teoría de la complejidad es una categoría científica en formación —fundada, en gran medida, sobre la teoría del caos— que se aplica a los sistemas complejos de la realidad. La teoría de la complejidad es muy importante para las ciencias sociales; viene a ser una reflexión crítica sobre los límites del conocimiento», (https://www.enciclopediadelapolitica.org/teoria_de_la_complejidad/).

Estudia la relación que hay entre el organismo y su ambiente partiendo de la premisa de que todo está interrelacionado. Hay que entender, entonces, por complejidad el entrelazamiento/conexión entre diversos elementos. La esencia proviene de Platón, que en su día ya decía que existen elementos que es imposible estudiar de forma directa. El objetivo fundamental de la ciencia de la complejidad consiste en el estudio de una situación de acuerdo con su nivel de complejidad. Hay tres niveles: micro, meso y macro. Por ejemplo, si analizamos el planeta Tierra, hablaríamos del nivel micro; si fuera el sistema solar, del nivel meso; y en el caso del nivel macro, estaríamos haciendo referencia a la galaxia.

En psicología, al analizar la situación de una persona con depresión lo dividiríamos de la siguiente manera: el nivel micro serían los pensamientos, hábitos y conductas; el nivel meso, las relaciones con otros y con el entorno, mientras que en el nivel macro analizaríamos la situación económica o política del país. Siguiendo en la psicología, surge el pensamiento sistémico, en el que queda claro que no hay condiciones jerárquicas y que cada elemento que forma parte del sistema tiene su grado de importancia. El pensamiento sistémico parte de la premisa de que somos un sistema dentro de un sistema y que por lo tanto estamos conectados a algo que nos sostiene y da vida. De ello se deduce que, si modificamos una parte del sistema, surgen las llamadas «propiedades emergentes», que pueden dar como resultado una mayor estabilidad emocional a la persona. El representante principal de la teoría de la complejidad en psicología es Edgar Morin (1921), filósofo y sociólogo francés.

Edgar Morin ve el mundo como un todo indisociable. Promulga que nuestro espíritu individual, nuestro yo, posee conocimientos ambiguos y desordenados que necesitan acciones retroalimentadoras. Propone un abordaje multidisciplinar para lograr la construcción del pensamiento. El pensamiento complejo se aplica en la física, la sociología o la informática, entre otras disciplinas. Todas estas teorías sostienen que lo que llamamos «realidad» es algo complejo y que no puede contemplarse desde un pensamiento reduccionista.

El pensamiento complejo nos permite contemplar distintas representaciones de un sistema al mismo tiempo. Es una teoría diametralmente opuesta a la forma de pensamiento tradicional, que divide el campo de los conocimientos en disciplinas separadas y clasificadas. En cambio, en el pensamiento complejo todo se encuentra entrelazado, como un tejido compuesto de hilos finos.

Por eso en Bioneuroemoción, que tiene una parte fundamental de docencia, enseñamos a desarrollar este tipo de pensamiento, el complejo, que permite contemplar epistemológicamente (la epistemología se dedica al estudio del conocimiento científico) y holísticamente (en un conjunto) la realidad, lo que convierte al individuo no solo en un observador pasivo, sino en participante y constructor de la propia realidad. No olvidemos que la teoría de la complejidad está presente en todas las áreas de las ciencias.

Para introducirnos más en lo explicado hasta ahora, hemos de decir que:

No podemos decir mi *self*, en todo caso puedo decir la relación de mi yo con el entorno, que conformaría una malla de interrelaciones. No puedo decir mi *self*, porque este contiene a mi yo. Debemos tener claro que el *self* no pertenece ni a mi yo ni a mi entorno, sino a la información que transcurre entre ambos; vendría a ser un campo magnético que une mi organismo con mi entorno. Todo campo magnético es información. El doctor Manel Ballester nos lo explica muy bien cuando nos habla de la *Anatomía del corazón helicoidal* resaltando la importancia de los campos electromagnéticos y como éstos determinan nuestra forma de actuar, pues el campo vendría a ser como un disco duro. Más adelante expongo parte de esta conferencia en relación al concepto de campo. (El lector interesado puede ver la conferencia en youtube).

Cuando una persona viene a una consulta porque vive en un conflicto (desorden o caos), buscamos la interrelación de los diversos sistemas que conforman el organismo-entorno. El motivo de consulta sería su forma de ver y entender su vida, o sea, el nivel micro. Cuando buscamos los ambientes en los que su psique ha ido estructurándose, estamos en el nivel meso; cuando analizamos la información de ambientes heredados, nos adentramos en el nivel macro. La visión global lleva al consultante a cambiar su percepción y a un estado nuevo de comprensión.

La Bioneuroemoción es multidisciplinar, relaciona varios campos tanto físicos o biológicos como psicológicos, sociológicos o metafísicos. Todas las áreas del conocimiento humano forman un entramado y todas tienen algo que aportar para la comprensión de un sistema tan complejo como el del ser humano.

Reflexiones

Max Planck nos ilumina con sus reflexiones fruto de sus investigaciones. Él tomó conciencia de lo que estamos exponiendo cuando, en la entrega del Premio Nobel en 1918, dijo:

> Como hombre que ha dedicado su vida entera a lo más claro y superior de la ciencia, al estudio de la materia, yo puedo decirles, como resultado de mi investigación acerca del átomo, lo siguiente: no existe la materia como tal. Toda la materia se origina y existe solo por la virtud de una fuerza que trae la partícula de un átomo a vibración y mantiene la más corta distancia del sistema solar del átomo junta. Debemos asumir que detrás de esta fuerza existe una mente consciente e inteligente. Esta mente es la matriz de toda la materia.

Gregg Braden[8], en su libro *La matriz divina*, asegura que somos el producto de lo que pensamos, sentimos y creemos. Para él, la matriz divina es nuestro mundo, son las energías que interactúan entre los cuerpos para mantenerlos unidos y comunicados entre sí. Nos habla de los cuatro descubrimientos que para él lo resumen todo y que son los responsables del fluir de las cosas o situaciones.

- **Primer descubrimiento:** Hay un campo de energía que conecta toda la creación.
- **Segundo descubrimiento**: Este campo asume el papel de un contenedor, un puente y un espejo de las creencias que tenemos en nuestro interior.
- **Tercer descubrimiento**: El campo es no local y holográfico. Cada parte está conectada con las demás y cada parte refleja la totalidad en una escala menor.
- **Cuarto descubrimiento**: Nos comunicamos con el campo a través del lenguaje de las emociones.

Este campo vendría a ser como el espejo que refleja nuestros pensamientos, sentimientos y acciones. Lo expuesto hasta ahora se puede resumir en la siguiente frase:

El enfoque de nuestra conciencia
se convierte en la realidad de nuestro mundo.

Todo queda escrito en el campo de Consciencia. Las opiniones de los demás ya recibirán su factura. Cuídate mucho de la calumnia. Cuídate mucho de la mentira. Cuídate mucho de opinar sin saber. Cuídate mucho de hablar de alguien, porque si estuvieras en su piel, harías lo mismo que él. En definitiva, mantente alerta a los contenidos —pensamientos— que reverberan en tu mente.

La sabiduría pasa por el silencio.
La persona despierta va por el mundo
sin molestar al mundo. Observa con inocencia.
No juzga jamás.

Veamos ahora el razonamiento magnífico de Brian Skinner, doctor en física de la Universidad de Minnesota, que se pregunta:

¿De qué están hechos los humanos?
—Músculos, huesos, órganos.
¿De qué están hechos los órganos?
—De tejidos.
¿De qué están hechos los tejidos?
—De células.
¿De qué están hechas las células?
—De organelos (núcleo, mitocondrias, etc.).
¿De qué están hechos los organelos?
—De proteínas.
¿De qué están hechas las proteínas?
—De aminoácidos.
¿De qué están hechos los aminoácidos?
—De átomos.
¿De qué están hechos los átomos?

–De protones, neutrones, electrones.
¿De qué están hechos los electrones?
–De un campo de electrones.
¿De qué está hecho el campo?
–*Solo se sabe que contiene información.*
Por lo tanto:
Somos información.[9]

— LA COHERENCIA, LA CLAVE PARA SUPERAR LAS CRISIS —

Voy a profundizar un poco más en el hecho de que somos información y voy a exponer la importancia de vivir en coherencia para aprovechar al máximo las experiencias de crisis.

En los libros *Experimento de la intención* y *El campo*, ambos de Lynne Mc Taggart, podemos leer:

> La coherencia cuántica ocurre cuando las partículas cuánticas individuales, como los fotones, pierden su individualidad y empiezan a actuar como una única unidad, algo parecido a un ejército llamando al frente a todos sus soldados. Como cada movimiento de cada partícula cargada de cada proceso biológico queda reflejado en el Campo Punto Cero, nuestra coherencia se extiende hacia el mundo. Según las leyes de la física clásica, y particularmente la ley de entropía, el movimiento del mundo inanimado se orienta siempre hacia el caos y el desorden. Sin embargo, la coherencia de la consciencia representa la mayor forma de orden conocida en la naturaleza, y los estudios sugieren que este orden puede ayudar a conformar y crear orden en el mundo. Cuando deseamos algo o tenemos la intención de hacer algo, un acto que requiere una gran unidad de pensamiento, nuestra coherencia podría ser, en algún sentido, contagiosa.[10]

Aprende a ver, date cuenta de que todo se conecta a todo lo demás.

LEONARDO DA VINCI

La consciencia, un holograma

Ante un hecho real, siéntate como un niño pequeño y disponte a abandonar cualquier idea preconcebida, sigue humildemente la naturaleza a dondequiera que te lleve, aun al abismo, sea el que sea, o no aprenderás cosa alguna.

T. H. HUXLEY

La idea del holograma, que muchos autores, como por ejemplo Bohm y Pribram, han desarrollado abre nuestra mente a infinitas posibilidades y a una nueva comprensión de lo que venimos llamando «realidad». La esencia del holograma es la siguiente: el todo contiene las partes y cada parte contiene el todo.

No es un concepto difícil de entender porque nosotros mismos somos un holograma, nuestro cuerpo (el todo) contiene millones de partes (células), y estas, a su vez, contienen el todo. Una célula lleva toda la información; un ejemplo clarísimo de ello es la fecundación. Por lo tanto, si cada uno de nosotros somos una pequeña parte de un todo infinitamente mayor, podemos deducir que nuestro pequeño universo —el cuerpo— funciona igual que el universo que lo contiene.

No se trata de que el mundo de las apariencias esté equivocado; no se trata de que no haya objetos ahí fuera en un nivel de la realidad. Se trata de que si penetras a través del universo y lo contemplas desde una perspectiva holográfica, llegas a un punto de vista diferente, a una realidad diferente. Y esa otra realidad puede explicar cosas que hasta ahora eran inexplicables científicamente: los fenómenos paranormales, la sincronicidad o coincidencia de acontecimientos aparentemente significativa.[11]

Podemos comprender la inmensidad de la memoria por la holografía, que explica también cómo es capaz el cerebro de almacenar tantos recuerdos en un espacio tan pequeño. John von Neumann, un físico y matemático nacido en Hungría, calculó una vez que, en el curso de una vida humana media, el cerebro almacena del orden de $2,8 \times 10^{20}$ (280.000.000.000.000.000.000) bits de información. Es una cantidad asombrosa de información; las personas que investigan el cerebro han dedicado mucho tiempo y esfuerzo a dar con el mecanismo que explique esa capacidad tan inmensa.[12]

Nuestra conciencia sigue la ley de la holografía, que contiene la posibilidad de desarrollarse en esta consciencia que lo engloba todo. Pero puede pasar, y pasa, que uno quiera que las cosas sean como a él o ella le gustaría que fueran. Esta persona queda bloqueada en un nivel de consciencia; es una muñeca rusa de las más pequeñas.

¿Qué es tomar conciencia?

Todos pertenecemos a la Consciencia, pero debemos preguntarnos: ¿somos realmente conscientes de que nuestra consciencia está limitada por nosotros mismos?

La culpa y el pecado han condenado la consciencia humana al reforzar el dilema de los opuestos y la dualidad de la percepción. Cuando trascendemos nuestra percepción dual, cuando evitamos proyectar la culpa al otro, entonces abrimos la mente a un campo infinito de consciencia y la conciencia empieza a reflejarlo en el mundo en que vivimos.

Reflexión:

> El maestro le dijo al discípulo: «Lo importante es tomar consciencia».
>
> Este le preguntó: «¿Puedes ampliarlo un poco?».
>
> El maestro respondió: «Conciencia, conciencia, conciencia».
>
> «Sí, pero ¿qué significa?», respondió el discípulo.
>
> El maestro le dijo: ««Conciencia» significa «conciencia»».

ANTHONY DE MELLO

Permítame, querido lector, hacer una aclaración en el párrafo de Anthony de Mello en relación a tomar Consciencia. Decir «tomar Consciencia» es ver algo que no veías y ahora lo ves porque esta, la Consciencia, se manifiesta en tu vida. O sea, la Unidad se manifiesta en la dualidad. Hay una interrelación constante entre la Consciencia que nos sostiene a todos y nuestra conciencia individual. Cuando abrimos nuestra mente a un estado de compresión, entonces podemos decir que hemos tomado consciencia y también conciencia.

Ejercicio

Un pequeño ejercicio sobre observar tu conciencia para tomar consciencia.

- Cuando hablas con alguien, ¿eres consciente de ello o simplemente te identificas con ello?
- Cuando te enfadas con alguien, ¿eres consciente de ello o simplemente estás identificándote con el enfado?
- Después, cuando tengas tiempo, analiza la experiencia: ¿de dónde vino?, ¿qué la produjo?

Podemos decir que la comprensión sustenta un nivel de Consciencia, pues esta comprende que las cosas no son buenas o malas: son perfectas oportunidades para trascender y elevar la consciencia.

Como podemos ver, no se puede explicar lo que es la Consciencia, pues consiste en una experiencia que se manifiesta en nuestra mente cuando la abrimos a la comprensión, cuando nos ponemos en la piel del otro y evitamos todo juicio.

Solo cambias lo que comprendes.
Lo que no comprendes lo reprimes.

Como nuestra consciencia es holográfica, contiene todas las posibilidades; por lo tanto, no hay que hacer nada; en todo caso, deshacer, quitar las limitaciones —creencias y bloqueos— que nos mantienen encerrados en nuestro universo, en una muñeca rusa.

Pues bien, aquí estamos; todos somos parte de este gran holograma llamado Creación, que es el Ser de todo el mundo. ¡Es un juego cósmico donde no hay nada más que tú!».

ITZHAK BENTOV

—EL TIEMPO —

El tiempo no es lo que parece. No fluye solo en una dirección, y el futuro existe a la vez que el pasado.

ALBERT EINSTEIN

El tiempo es lo que impide que todas las cosas sucedan a la vez.

JOHN WHEELER

La única forma de describir el tiempo es a través de las cosas que ocurren en él. Einstein nos demostró que el espacio y el tiempo están íntimamente relacionados. Esto ha llegado hasta el nivel popular, como por ejemplo cuando alguien nos pregunta cuánto tiempo se tarda en llegar a un sitio; no pregunta qué distancia hay. El tiempo y el espacio se han convertido en algo que es relativo, en este caso según el transporte utilizado, sea en avión, en coche, en tren o andando.

El tiempo no es algo absoluto en la física, por supuesto, pero tampoco lo es en nuestra mente. Podemos decir de un viaje, una conferencia o una reunión que se nos han hecho largos o cortos.

En el «experimento de la intención», explicado en el libro de Lynne Mc Taggart que lleva el mismo nombre, se procura demostrar científicamente que nuestros pensamientos e intenciones tienen el poder para cambiar la realidad. Así, podemos utilizarlos tanto en forma negativa como positiva, ya que influyen en nuestras vidas y en las de nuestros semejantes. De este modo, podemos ir hacia atrás en el tiempo con nuestra mente e influir en cómo percibimos los acontecimientos pasados, modificando nuestras respuestas emocionales o físicas. Esto implica que si vamos mentalmente a una situación conflictiva —en el pasado— y la revivimos con otra percepción y otro estado emocional, podemos reescribir nuestra vida. Estamos transformando la información que se halla en nuestro inconsciente. El físico cuántico Evan Harris Walker fue el primero en proponer la influencia retroactiva. Para ello es necesario tener en cuenta el efecto del observador.

> El propio acto de intención, de realizar un cambio en el presente, también puede afectar a todo lo que nos ha conducido hasta este momento.[13]

Como puedes ver, te estoy conduciendo a un cambio de percepción de lo que acostumbras llamar «realidad» para poder darte cuenta de que es «tu realidad». Como iremos viendo a lo largo de este libro, los pensamientos, las emociones y los sentimientos establecen la percepción subjetiva que denominamos «realidad» y esto nos permite comprender que somos demasiado condescendientes con los pensamientos de nuestra mente, ya que siempre crean forma en algún nivel.

> Si la consciencia es el ingrediente crucial para que se produzca el «colapso», los humanos —y su capacidad para «reducir» la realidad a estados limitados— son los responsables de la idea de que el tiempo es una flecha unidireccional. Si nuestra elección futura de un determinado estado es lo que afecta a su «colapso» presente, la realidad puede ser que nuestro futuro y nuestro presente estén constantemente en contacto. [...] Aunque nuestra comprensión del mecanismo es aún primitiva, la evidencia experimental de la reversión del tiempo es bastante sólida. Estas investigaciones retratan la vida como un gigantesco y borroso aquí

y ahora, y la mayor parte de ella —pasado, presente y futuro— está abierta a nuestra influencia en cualquier momento. Pero esto alude a la idea más inquietante de todas. Una vez que ha sido creado, un pensamiento vive para siempre.[14]

Somos demasiado condescendientes
con los pensamientos de nuestra mente.
Los pensamientos siempre crean forma
en algún nivel.

Parafraseando al doctor Robert Lanza, el tiempo nace de la percepción humana, de la utilización de la palabra, que usamos para anticipar ideas y acontecimientos. Cuando vemos las cosas separadas, necesitamos medirlas; entonces nace la percepción del espacio/tiempo como una necesidad de nuestra conciencia.

— CLAVES PARA UN CAMBIO DE CONCIENCIA —

Estas claves están inspiradas en las propuestas de Gregg Braden en su libro *La matriz divina*, más alguna de cosecha propia.

- La matriz divina es el campo unificado, el contenedor absoluto.
- Su principal función es reflejar —como un eco— nuestros pensamientos y sentimientos.
- Las situaciones de la vida las atraemos nosotros. Nuestras percepciones, nuestra manera de ver el mundo, siempre cargada de interpretaciones y de información, resuena en el campo y se manifiestan en nuestras vidas en forma de experiencias.
- Tenemos el poder de crear todos los cambios que queramos. Este proceso siempre empieza y termina en cada uno. No olvidemos que somos un campo.
- Fijémonos bien en qué es lo que enfocamos con nuestra conciencia; así evitaremos quejas más tarde.

- Para poder crear otras realidades, hemos de liberarnos de sentimientos cargados de ego y de juicio.

- Para que la información resuene en el campo, tiene que viajar en la nave espacial llamada emoción. Sin emoción no hay movimiento alguno.

- A través del holograma de la consciencia, un pequeño cambio en nuestra vida se refleja en todas las partes de nuestro universo.

- Nuestras verdaderas creencias se reflejan en el campo de nuestras relaciones interpersonales más íntimas porque están cargadas de sentimientos y emociones.

¿Qué sentido tendría la existencia si no hubiera conciencia de ninguna clase?

RECORDEMOS

- Somos el producto de lo que pensamos, sentimos y creemos.
- Podemos convertirnos en maestros al aprovechar las dificultades como catalizadores de nuestro potencial o convertirnos en seres pusilánimes gracias a nuestras lamentaciones y quejas.
- Tu psique se mueve constantemente entre lo que llamamos «crisis» y lo que denominamos «plenitud» o «abundancia». La una da sentido a la otra.
- La comprensión está infinitamente alejada del entendimiento.
- La comprensión ilumina nuestra mente.
- La comprensión no puede enseñarse, aunque sí puede aprenderse. No pertenece a la condición humana; se manifiesta en nuestra consciencia cuando desarrollamos la mentalidad paradójica.
- El entendimiento nos paraliza porque busca una acción concreta para actuar.
- La comprensión trasciende límites; el entendimiento los refuerza.
- Cada célula de tu cuerpo contiene la información de todo lo que eres.
- Toda crisis contiene la información para elevar tu consciencia. Te ayuda a liberarte de las gruesas capas del recipiente que crees ser; tu muñeca rusa, tu universo, tu mundo particular.
- Cuando no sepas qué hacer, quédate en silencio.
- La función principal del campo de consciencia o matrix es la de reflejar nuestros pensamientos y sentimientos, que convertimos en acciones.
- Todas las áreas del conocimiento humano forman un entramado y todas tienen algo que aportar para la comprensión de un sistema tan complejo como el del ser humano.
- El momento eterno del ahora es todo lo que existe. Podrás acordarte del pasado y soñar con el futuro, pero tú solo puedes ser y existir aquí, ahora. ¡Contrae un compromiso irrevocable contigo mismo para hacer del ahora el mejor momento de tu vida!
- Una vez que ha sido creado, un pensamiento vive para siempre.

CAPÍTULO III

VIVIR EN LA PARADOJA

Hay que ser muy valiente para cambiar el mundo y también serlo al saber que no se puede.

ALLAN KARDEC

Oí esta frase en una película que lleva su nombre y me parece una paradoja digna de encabezar este capítulo. Allan Kardec escribió *El libro de los espíritus* (1854); en él se encuentran los principios de la doctrina espiritista, desde aspectos científicos a filosóficos o religiosos. Trata sobre la inmortalidad del alma, acerca de lo que es Dios, de las leyes morales, la importancia del perdón, etc.

Antes de adentrarnos en el estudio de la paradoja y de la importancia de saber vivir con una mentalidad paradójica, quiero referirme al tao o taoísmo.

Tao significa «principio u origen». Es la causa sin causa, principio y fin de todo lo manifestado. Es un sendero por el que pasamos todos hasta que el tao nos reabsorbe.

El arte del tao es dejar que las cosas sucedan en lugar de intentar que las cosas sucedan. No se debe confundir «dejar que las cosas sucedan» con pasividad, indolencia o indiferencia. Dejamos que «lo que ocurra» nos mueva, sin resistirnos, en vez de forzar los acontecimientos como nos gustaría que se produjeran.

El tao consta de tres fuerzas, a saber: el yin —energía femenina—, el yang—energía masculina— y una tercera que las contiene en equilibrio dinámico, el tao. Una persona que está en el tao está en equilibrio, da salida y movimiento a las dos energías primordiales, el yin y el yang.

Su promotor o inspirador fue Lao-Tsé, que nos advierte de que hay un tao permanente y uno que no lo es. El tao permanente, que es incognoscible, una causa sin causa, un absoluto, no está sujeto ni al espacio ni al tiempo, es eterno y no tiene ni principio ni final. El tao permanente es como la Consciencia *(consciousness)*, que se diferencia de la conciencia *(awareness)*, que es el tao no permanente, emanación del primero, susceptible de ser comprendido por nuestra mente. Contendría las semillas de nuestro universo y de los seres que viven en él. Es el principio del tiempo/espacio, donde se vive y se experimenta la ilusión de la separación.

En el tao no permanente se manifiestan los principios duales y su esencia son el yin y el yang (serían nuestra Eva y nuestro Adán). La vida se manifiesta a través de las energías del yin y el yang: yin + yang → descendencia. El equilibrio entre estas dos fuerzas primordiales permite engendrar la vida. Estar en el tao implica que eres una persona que vive en equilibrio e integra ambas polaridades. El yin contiene al yang y este al yin. Su referente occidental queda bien reflejado en los arquetipos ánima y ánimus de Carl G. Jung. El ánima es el aspecto femenino interno del hombre, y el ánimus, el aspecto masculino presente en la mujer. De no ser así, nunca surgiría la atracción para que la vida continuase.

La dualidad nos rodea por doquier, toda la naturaleza vive en el yin y el yang. Los únicos que parece que le dan la espalda a esta verdad somos los seres humanos. Creamos desequilibrio constantemente y luego nos quejamos de las consecuencias.

Tao significa principio, origen. Es la causa sin causa, principio y fin de todo lo manifestado. Es un camino circular que parte y termina en el mismo punto: el tao. Un camino por el que transitan todos los seres humanos hasta su reabsorción en el tao que les dio origen. La gran paradoja del tao: Eres todo y eres nada.

El taoísmo nos dice: El tao no hace nada y no deja nada por hacer.

Para el tao la dualidad no existe. Una persona que está en el tao no se deja atrapar en una polaridad. El kung-fu, las artes marciales fundamentadas en el tao, nos dice que en la lucha una mano miente y la otra dice la verdad. Con ello nos indica que siempre estás frente a dos polaridades. En la serie *Marco Polo, Cien ojos*, un monje taoísta expresa claramente la importancia de este equilibrio en un campo de batalla: «Tienes una gran cantidad de yang, pero sin el yin, el yang muere en el campo de batalla». Esta es una frase maravillosa que me enseñó a aplacar el fuego interior a través de la búsqueda y la expresión de mi yin, el agua, la calma.

La acción inspirada en el tao obra sin retener, no guarda para sí, no pretende atesorar, no busca enriquecerse. Porque la naturaleza del tao es precisamente el flujo de la vida y de las cosas. Es nuestra mente subjetiva, interesada, la que nos hace ver ganancias o pérdidas en las cosas, dolor o placer, la que nos lleva a ponerle una intención a nuestros actos. Pero, desde el punto de vista del tao, todo eso no es real. Parece real para nosotros por nuestra propia percepción y por nuestro enfoque parcial e interesado de la vida.

Cuando estás en el tao, no preguntas, no buscas respuestas; estas se manifiestan en tu mente cuando te distancias de ella.

- Si alguien te pregunta: «¿Qué debo hacer?», la respuesta es: «Muy buena pregunta, ¿qué quieres hacer?».
- Y si te dicen: «¿Cómo tengo que hacerlo?», la respuesta es: «Con lo que ahora sabes, ¿cómo crees que tienes que hacerlo?»
- Si te preguntan: «¿Cuándo tengo que hacerlo?», la respuesta es: «Cuando tu mente esté en paz».

Es una invitación a dirigir tu mente a tu interior, pues solo ahí se encuentran las respuestas adecuadas.

Nadie es dueño y señor de tu destino. No pongas tu «poder» en manos ajenas... ni tan siquiera en manos de quienes consideras maestros. Tu viaje solo te pertenece a ti. Busca el equilibrio en tu interior. Observa tu mente; ella te muestra lo que has sembrado. No te quejes, no te lamentes; al hacerlo cierras las puertas a lo que puede inspirarte en el camino.

— ¿QUÉ ES UNA PARADOJA? —

La paradoja es la unión de dos ideas aparentemente opuestas que, aunque parte de una contradicción, encierra una verdad oculta.

La paradoja suele dar la impresión de oponerse a la verdad o de contradecir el sentido común; no obstante, no encierra una contradicción lógica, tan solo lo aparenta: «¿Por qué si hay infinitas estrellas, el cielo es negro?» (paradoja de Olbers).

Algunos pensamientos comunes de la paradoja serían: «si quieres paz, prepárate para la guerra»; «seamos realistas, pidamos lo imposible»; «solo sé que no sé nada»; «es un muerto en vida».

La paradoja siempre invita a la reflexión, al desarrollo de ideas abstractas e intelectuales, pues esconde una verdad más elevada. Por este motivo, encontramos paradojas en distintas disciplinas de conocimiento, como las matemáticas, la filosofía, la psicología, la física, etc.

Este libro propone la paradoja «Sin crisis no hay abundancia». También invita al lector a vivir la esencia de la espiritualidad gracias a la comprensión de que el mundo en el que vivimos no podría existir sin paradoja. Por lo tanto, el lector u observador tampoco.

La paradoja siempre se mueve entre dos polaridades, en la que una da vida a la otra, y a la inversa. Como ejemplos cotidianos podemos ver los siguientes: «la oscuridad me permite ver la luz»; «la enfermedad da sentido a la salud»; «la alegría no tendría sentido sin la tristeza»; «no hay vida sin la muerte»; «lo de arriba da sentido a lo de abajo»; «el silencio está lleno de palabras»; «el mal da sentido al bien».

Nuestra amada y poco cuidada Tierra nos protege gracias a un campo magnético formado por los dos polos con polaridades complementarias. Nuestro corazón no latiría si no fuera por su campo magnético. Todo «campo» da sentido a la vida gracias a las dos polaridades.

Si nos centramos en nuestra mente y extrapolamos lo que acabamos de ver, podemos comprender con relativa facilidad lo siguiente: nuestros juicios nos condenan, nuestro perdón nos libera; el perdón sin juicio no tendría sentido. La condenación y el perdón dan sentido a la vida; una mente sana se mueve siempre en estas dos polaridades. La vida es un vaivén entre las olas que conforman nuestro océano de emociones, que se mueven según nuestra forma particular de ver y entender la vida.

> Nuestros juicios nos condenan,
> nuestro perdón nos libera.

— TODO ORDEN TIENE UN DESORDEN PREVIO —

> El aumento del orden en un sistema psíquico genera desorden.
>
> NATHAN SCHWARTZ-SALANT

Desarrollaré esta idea en los ámbitos más comunes de una vida. Para empezar, me centraré en una paradoja fundamental para la existencia de la vida; mejor dicho, para la creación de una nueva vida: la pareja.

La pareja
Es la unión esencial entre el yin y el yang. Su objetivo es dar vida a la vida. Su equilibrio permite el baile de los llamados «opuestos» hasta que comprendemos que son complementarios. El uno da la vida al otro en una danza cósmica. Toda pareja se expresa, sea en el ámbito que sea: en los negocios, en la familia, compartiendo un proyecto, una amistad, una colaboración... y lo hace para unir dos fuerzas que, cuando están en un equilibrio dinámico, crean otras posibilidades, manifiestan otras ideas que sin su encuentro no serían posibles. El encuentro entre el yin y el yang es manifestación de la vida y le da sentido.

En un matrimonio, cada cónyuge tiene el reto de absorber en sí mismo parte del desorden de las acciones del otro. Cada parte contiene el orden/desorden de la otra. Una vez que se aprende a lidiar con el equilibrio de las emociones —que no dejan de ser reacciones a experiencias propias y familiares—, se crea un campo unificado que lleva a expandir la consciencia.

Cuando uno se puede ver en el otro y comprender que ocurre lo mismo con ellos que con las polaridades, que pasan de ser opuestas a complementarias, alcanza la libertad de decidir quién quiere ser en esa relación, libre de resentimientos, culpas y victimismos. Solo puede haber respeto y agradecimiento por la enseñanza recibida, pues hay que tener siempre presente que cada uno de nosotros se ha sentido atraído hacia esa experiencia. Dicho de otro modo: la vida nos ha llevado a ella.

En toda relación hay un orden/desorden continuo. Cuando una de las partes decide terminar la relación, está creando un nuevo orden que afectará a las otras relaciones, entiéndase familiares, creando desorden.

Muchas parejas no terminan de consolidarse porque no han terminado el proceso de maduración emocional que requiere de soltar la relación de «apego infantil» hacia los padres. No están manifestando plenamente el proceso de individuación, esencial para el desarrollo y el equilibrio de un nuevo proyecto de vida. Si tu pareja o tú mismo no habéis hecho está transición en equilibrio, surgirán problemas básicos, tales como:

- Mi pareja está más pendiente de su madre que de mí.
- Mi pareja busca en mí a su padre, que siempre estaba ausente.
- Mi pareja se comporta como si fuera mi madre.
- Mis parejas me abandonan.
- Mi pareja siempre está pendiente de su madre porque esta siente que está ausente.
- Las infidelidades.
- La falta de tiempo.
- La intromisión de las familias respectivas.

Querido lector, añade libremente otros problemas y sus enseñanzas a la lista.

Nos comportamos con relación al mundo de manera muy parecida a como lo hacemos con la pareja: si tendemos a dominar a nuestra pareja, tendemos a dominar a otras personas y situaciones; si coqueteamos sin comprometernos, hacemos lo mismo con todo lo demás.

> ¿Sabes cuánta feminidad le falta al varón para la completitud? ¿Sabes tú cuánta masculinidad le falta a la mujer para la completitud? Buscáis lo femenino en la mujer y lo masculino en el varón. Y así siempre hay solo varones y mujeres. Mas el ser humano es masculino y femenino, no es solo varón o solo mujer.
>
> CARL GUSTAV JUNG

Siguiendo con la pareja vemos que la cultura nos ha educado para vernos diferentes y, por lo tanto, desiguales; nos ha adoctrinado. Nuestra cultura ha desequilibrado la polaridad yin/yang centrándose en el aspecto masculino y con ello ha creado mucho dolor y sufrimiento. Cuando lo masculino no reconoce su «femenino» crea un desorden en su psique que proyecta en lo femenino. Esto supone una de las una fuentes principales de discriminación y violencia. A su vez, lo femenino se ha culturizado como inferior, de modo que ha caído en la sumisión y en la desvalorización. Nos queda, según mi opinión y percepción, un largo camino para encontrar el equilibrio esencial que aporte más justicia y paz al mundo.

Cuando reconocemos nuestras polaridades, en la pareja se produce la integración. El ser humano es completo en sí mismo, siempre encierra las dos polaridades. Carl G. Jung nos lo muestra en el proceso de individuación; en la etapa de la adolescencia nos habla del desarrollo de los arquetipos *ánima/ánimus,* que son fundamentales para para que podamos diferenciarnos de nuestros padres y desarrollarnos como adultos para crear nuestra propia familia. Como ya he dicho anteriormente, el *anima* es el alma femenina en el hombre, y el *animus,* el alma masculina en la mujer. Si no fuera así, la atracción sería imposible.

Cuando hablo de parejas no lo hago en términos de género: una mujer puede estar muy polarizada en un papel masculino y un hombre en un papel femenino. El encuentro no deviene de acuerdo con el género, sino según la información que nuestra psique contiene de manera inconsciente.

Las parejas están condenadas a encontrarse, lo vemos de una forma maravillosa en la mitología árabe sobre Adán y Eva. Al ser expulsados del paraíso, la Divinidad los envío en distintas direcciones para que volvieran a encontrarse.

El matrimonio vive en la paradoja: Cuanto más equilibrada es la dependencia mutua entre dos personas, más independientes se vuelven estas. Pues la dependencia bien entendida se basa en la unión que nos impulsa a crecer. Cada uno ve en su pareja lo que no le gusta de sí mismo y lucha para cambiarlo.

En los conflictos con nuestra pareja se esconde el tesoro de conocernos a nosotros mismos. Si nos posicionamos y rechazamos algunos aspectos de nuestra pareja e intentamos cambiarla, entramos en el infierno de la relación. Cuando comprendemos que nuestra pareja nos muestra aquella parte de nosotros que no queremos reconocer, entramos en el Reino de los Cielos, parafraseando a Ken Wilber.

Si estás estancado en una mala situación o en una relación que te quita poder durante más de un año, no permitas que la historia que te cuentas te seduzca.

Carl G. Jung, *Encuentros con la sombra*

La relación con nuestra pareja está condicionada por la relación que hemos tenido con nuestros padres. Si una hija rechaza a su madre, puede inconscientemente tratar de alejarse de todo aquello que representa, por lo que proyectará en su pareja las cualidades que previamente ha rechazado con el fin de completarse. Si una hija rechaza a su padre, probablemente pase lo mismo, pero en dirección contraria.

Algunos ejemplos que encontramos continuamente en nuestras consultas pueden aportar luz y comprensión a la mente del lector.

Ejemplos
- Persona joven que se queja de que siempre encuentra parejas que no quieren comprometerse. Se puede preguntar: ¿Cómo era la relación entre mis padres?
- Mujer que se queja de que su pareja no quiere tener hijos. Se puede preguntar: ¿Qué pasó con los hijos de mis padres y abuelos?
- Papá es un maltratador y mamá una sumisa. Un hijo o una hija puede ponerse en contra de mamá por no respetarse y enviar al carajo a su padre. Se puede preguntar: ¿Cómo se refleja esto en mi vida?

La paradoja «Amor humano y amor romántico»

Antes de empezar, es preciso dejar muy claro que siempre nos relacionamos con la pareja perfecta, en el momento preciso y en la situación adecuada. Nuestras parejas son el reflejo de nuestro estado de conciencia, que se manifiesta según nuestra información inconsciente.

No podemos conocer el Amor con mayúscula; este nos sostiene a todos y nosotros somos la expresión de él. Se comporta como una expresión al margen del ego. El Amor es una fuerza que permite a mi ego dejar de mirarse a sí mismo y hace que mire a los demás como algo valioso. El Amor no es algo que yo hago o decido, sino algo que actúa a través de mí.

El Amor es la expresión del Ser; dicho de otro modo, nosotros vivimos en el Amor como un pez vive en el agua. Cuando el ego se apropia del Amor, lo convierte en el «querer». Exige lo que debe ser el amor y entonces surge el miedo, que se proyecta en lo que llamamos «amor romántico». El Amor, por ser lo que es, deja que lo utilicemos; no se opone a ello.

El amor humano, atrapado por el ego, se ve oscurecido por las exageraciones de los romances; de esta manera, casi nunca miramos el Amor en sí mismo. El amor humano, cuando se libera de la posesión, honra al otro y lo cuida. Surge cuando se ha transcendido el amor romántico.

El romanticismo es muy diferente del amor humano. El romance siempre se dirige hacia nuestras proyecciones, nuestras expectativas y nuestras fantasías. Cuando un amor se basa en nuestras proyecciones, no es el amor humano; se le llama «enamoramiento».

Cuando el enamoramiento no da paso al amor auténtico, puede llevarnos a reproducir el mismo modelo de relación con diferentes parejas. Siempre nos enamoramos del mismo tipo de personas, es decir, nos encontramos con personas iguales o complementarias. Es la expresión del bloqueo de esperar siempre que el otro cambie. No aprendemos la enseñanza que encierra la relación y esta se repite.

Carl G. Jung nos lo recuerda de la siguiente manera:

> Aquellos que no aprenden nada de los hechos desagradables de la vida fuerzan a la consciencia cósmica a que los reproduzca tantas veces como sea necesario para aprender lo que enseña el drama de lo sucedido. Lo que niegas te somete; lo que aceptas te transforma.

Veamos un resumen de un ejemplo en consulta:

Ejemplo

«Mis parejas suelen tener problemas de adicción a las drogas».

«Durante la sesión, vimos diferentes ambientes familiares, de los cuales el más significativo fue el vivido en la infancia.

Describe que, a los seis años, en casa convivían la hermana, la madre, la abuela materna y el padre. Este trabajaba en casa, era diseñador de interiores.

En este contexto, vemos que el padre estaba ausente porque aunque no se iba de casa, siempre estaba en sus cosas. La situación que se repite es: «mi mamá cada día se enfada a la hora de comer. Mi padre sigue a lo suyo y viene cuando le apetece. Mi madre me envía a avisarlo, pero tampoco a mí me hace caso».

Pregunta: Háblame de la relación de los abuelos.

Respuesta: La abuela tiene un marido que nunca está en casa.

Vemos que los hombres están ausentes, no olvides que drogarse es una forma de estar ausente. Además, en esta situación te quedas en la queja como tu madre y tu abuela.

Pregunta: Háblame de tu hermana, que casi seguro que es tu complementario.

Respuesta: Mi hermana utiliza a los hombres, hace lo que quiere con ellos.

Aprendizaje

Vive tu vida, deja de ser la madre de tus parejas. La consultante toma conciencia de que sus parejas están más pendientes de sus respectivas madres que de ella. Son personas muy inmaduras emocionalmente. Se da cuenta de que también ella lo es, pero lo expresa de forma complementaria. Ella, al igual que su madre y su abuela, se ocupa de los hombres, que ven en ella la necesidad de seguir con mamá.

Cuando acallamos nuestro ego, y observamos cómo queremos manipular al otro con nuestras expectativas y exigencias, entonces expresamos la esencia del Amor en forma de bondad y aceptación hacia la otra persona, valorándola tal y como es, sin querer cambiarla. Se manifiesta así el «amor auténtico», el amor real en este mundo. Las parejas se conocen, cada uno se ocupa de sí mismo y del otro, interesándose sinceramente por él. Las expectativas son realistas, cada uno acepta las sombras o aquellos aspectos que considera negativos de su pareja, sabiendo apartarse cuando es necesario para luego volver a acercarse.

La clave de la paradoja es que la grandeza del amor verdadero se encuentra en los pequeños detalles.

El amor romántico y el amor humano no son excluyentes. Del primero surge la fuerza de la atracción con la intención de que las partes se unan y den lugar a nueva vida. El segundo es la maduración del primero y ambos se manifiestan en su trascendencia, llamada «amor auténtico».

El Amor, la expresión del Ser, valora a la persona como un sí-mismo total e individual. Ama a la persona y, sobre todo, a su sombra. Como expresión del Ser puede transformar el ego y se expresa a través del trato con la gente, pues se refleja en las personas. No se posiciona ni se opone. Sostiene las polaridades, facilita su encuentro, o tal vez quedaría mejor decir «su reencuentro».

El amor romántico vive constantemente en estados eufóricos; así el ego no se aburre.

Ejemplos:

Cuando es un amor auténtico, la persona desea que su pareja sea completa e independiente y la anima a ser ella misma. La apoya en todo.

El amor romántico de una persona buscará cambiar a su pareja y proyectar en ella todo lo que la persona espera.

En el amor auténtico hay amistad, es decir, honestidad, confianza, respeto y apoyo mutuo. En el amor romántico, la amistad brilla por su ausencia.

Ambos son enemigos naturales. Veamos una frase: «No quiero ser amiga de mi marido, se perdería el romance». Muchas parejas tratan a sus amigos con más amabilidad y paciencia que a sus propias parejas.

La pareja es un tesoro, pues nos permite conocernos a través del otro, que nos hace de espejo. Sin el otro nunca llegaríamos a conocernos. La pareja vive la tensión buscando el equilibrio entre demanda y atención. El conflicto es clave para la integración de la paradoja «Orden y desorden»; nos permite conocer nuestro lado oscuro, nuestra sombra.

El método de la Bioneuroemoción pretende seguirle la pista a ese desorden al que el cliente llama conflicto, para llevarlo a un nuevo orden, que ya se encuentra en su mente, pues, de no ser así, no haría la consulta. La integración de los opuestos le permitirá tomar conciencia de que el desorden es una parte inherente al cambio, imprescindible para que surja un nuevo orden en su vida. Esta realización, producida por un cambio de su percepción, le ayudará a reducir su nivel de estrés y su preocupación para poder dedicarle más energía a lo que está por venir en su vida.

Cuando una pareja expresa el Amor —amor auténtico—, viene a decir «estoy a tu lado como compañero, estoy para sostener tus momentos agridulces, no espero nada ni me siento obligado a nada. Estar contigo da sentido a mi vida. Hemos dado vida a la vida. Hemos cumplido con el Gran Orden».

— LA VIDA ES UNA PARADOJA —

Veamos algunos ejemplos de paradojas que conforman la vida, pues sin ellas, repito, no tendría sentido existir.

Amar a nuestro enemigo

> Es necesario tener un gran enemigo para construir un gran avión.
>
> Dicho popular de las Fuerzas Aéreas

La importancia de tener un enemigo. La paradoja es «amarlo y destruirlo». La paradoja que propongo y que he vivido es la siguiente: «Cuando entiendes a tu enemigo, también lo quieres».

Me vi reflejado en unas reflexiones de Winston Churchill, que un día dijo: «¿Tienes enemigos?». Y se contestó a sí mismo: «Es que debes estar haciendo algo muy grande que a los demás les molesta». Por tanto, los que tienen enemigos es porque están haciendo algo importante.

Cualquier oposición implica un enfrentamiento con uno mismo. A un enemigo no hay que verlo como tal. Ciertamente, puedes percibir que él quiere destruirte o que amenaza tu integridad de algún modo, sin embargo, saber gestionar esta energía te puede ayudar a mejorar en todos los ámbitos de la vida.No estoy hablando de crearte enemigos. Los creas cuando criticas a alguien por sus ideas, por sus proyectos; en definitiva, por su forma de vivir la vida.

Los enemigos principales están en el interior de nuestra psique. La reconciliación con nuestros enemigos internos no supone la eliminación de nuestros adversarios externos, pero sí modifica nuestra relación con ellos.

Uno debe ser consciente de que cuando proponga nuevas ideas, nuevas acciones, siempre encontrará oposición, normalmente inmovilista; se dice que los que actúan así son conservadores.

> «Por lo tanto, un enemigo es tan deseable como un tesoro que, sin ningún esfuerzo de mi parte apareciera en mi propia casa, porque un enemigo es mi ayudante en el camino que conduce al despertar.»
>
> SHANTIDEVA

Los enemigos principales están
en el interior de nuestra psique.

Cuando alguien empieza a pensar por sí mismo y comienza a desapegarse de las opiniones de los demás, estos empiezan a temblar y a rebelarse. Su *status quo* se desmorona, les entra el pánico y convierten a esa persona en su enemigo o, lo que es lo mismo, ellos se convierten en su tesoro.

Creación y evolución

La controversia creación–evolución ha hecho correr ríos de tinta. Quienes la experimentan están constantemente en oposición y todos creen tener razón. Los creacionistas y los evolucionistas. La verdad es que la tienen, pero no lo ven así. «La evolución y la creación son la misma cosa; la creación es la fuente y la esencia de la evolución. La evolución es la que manifiesta la creación».[15]

La creación tiene lugar en el plano de la Consciencia, dentro de los dominios invisibles de potencialidad infinita. La evolución se manifiesta como consecuencia de la creación. Básicamente no hay conflicto entre evolución y creación, dado que una es la expresión de la otra. La evolución no niega el Espíritu, la Fuente, el Ser, sino que los refleja.

Al preguntarse por qué están las leyes físicas exactamente equilibradas para que pueda existir la vida animal, el doctor Robert Lanza da origen a una paradoja que él mismo califica de básica. Nos dice que si el Big Bang hubiese sido una millonésima parte más potente, no se podrían haber formado las galaxias. Son precisas unas doscientas constantes universales para que surja la vida en el universo. Parecen estar minuciosamente elegidas, a menudo con cuidadosa precisión, para permitir que exista la vida y la consciencia.[16]

La comprensión es un estado mental necesario para vivir en una mentalidad paradójica. Actúa como un catalizador, relativiza todas las posiciones y planteamientos, se adapta a las circunstancias y encuentra un estado más elevado de consciencia.

Actividad y meditación

La meditación implica quietud y está limitada en el tiempo y en el lugar. Necesita cierto aislamiento y cese de actividad. Muchas veces me han preguntado: «Enric, ¿tú meditas?». Y mi respuesta es siempre que procuro hacerlo las 24 horas del día, incluidas las que paso durmiendo, por supuesto. Mi interlocutor normalmente pone cara de póker; no entiende mi respuesta. La razón es muy sencilla: para él la meditación implica «algo» y este algo requiere las características expuestas más arriba: quietud y cierto tiempo. La contemplación, que es la integración de ambas polaridades, requiere cierta práctica, por supuesto; se trata de estar en el mundo, pero no pertenecer a él. Requiere pequeñas interrupciones para la reflexión. Esta actitud mental lleva la meditación a otro nivel; no la rechaza, más bien la potencia. La contemplación, por lo tanto, es una meditación activa. Su polarización sería no pararse unos instantes para reflexionar y quedarse en silencio, en la quietud mental. La meditación activa implica convertirnos en observadores de lo que ocurre a nuestro alrededor evitando los posicionamientos.

> La meditación es una forma de vivir. No se trata de que te encierres en una habitación durante unas horas y luego olvides la meditación. Debe adoptar una forma práctica y reflejarse en toda acción diaria y en toda rutina.
>
> RUMI

Fluidez y resistencia

La luz no viene de la electricidad, sino de la resistencia que el filamento de la lámpara incandescente presenta ante ella. Edison trabajó con la calidad de la resistencia a la fuerza y no con la fuerza misma. La clave no consistía en seguir incrementando el voltaje, sino en encontrar una resistencia que estuviera tan cercana a la energía de la fuerza que la interacción y el impacto crearan el resultado deseado.

La resistencia no es algo que tengamos que superar; tenemos que incluirla, orientarla a nuestro favor y usarla como una palanca que nos impulse hacia delante. Sin resistencia no hay fortaleza, no hay desarrollo. Dicho más llanamente: si queremos estar físicamente fuertes, tenemos que levantar pesas, siendo su sentido no moverse. Al hacer pesas, no te puedes mover y desarrollas la resistencia. Para mayor comprensión veamos una historia:

> Cuenta una historia que existió un buscador de Dios que le pedía que le dijera cómo tenía que servirle. Él oraba y oraba, y no obtenía respuesta alguna, pero no desfallecía; seguía orando con perseverancia día tras día. Una noche se le apareció un ángel, que le dijo:
>
> —El Padre de los Cielos ha escuchado tus oraciones y vengo a comunicarte lo que tienes que hacer.
>
> El buscador estaba exultante; «¡por fin mis oraciones han sido escuchadas!», pensaba.

–¿Qué tengo que hacer? –preguntó.

El ángel le dijo:

–¿Ves la gran piedra que está a la entrada de tu cueva?

–Sí –respondió el buscador.

–Pues bien, tienes que empujarla con todas tus fuerzas.

El buscador empezó la tarea con todo su afán, día tras día, semana tras semana, mes tras mes y año tras año, hasta que al fin se preguntó si estaría haciéndolo bien. Decidió orar otra vez para ver si el ángel le decía algo, pues se sentía abatido y triste.

Esa vez, el ángel del Señor acudió con prontitud y le preguntó:

–¿Qué te pasa?

El buscador le dijo quejosamente:

–Lo siento mucho, pero no he podido mover la piedra.

A lo que el ángel le respondió:

–¿Y quién te ha dicho que tuvieras que moverla? La idea era que, con el esfuerzo, fortalecieras los brazos, las manos, las piernas y todo el cuerpo. Ahora ya estás preparado para desempeñar tu función en el mundo.

> La resistencia no es algo que tengamos que superar;
> tenemos que incluirla, orientarla a nuestro favor
> y usarla como una palanca que nos impulse
> hacia delante.

La enseñanza es muy simple: sin resistencia no hay crecimiento, sin dificultades no hay maestría, y piensa que las tormentas siempre van a favor del marinero. Cuando integras las resistencias que encuentras en tu camino, sabes fluir por la vida con la llamada «maestría», que es la clave de esta paradoja: gracias a las resistencias podemos fluir en la vida.

A modo de resumen

Creer en los enemigos te debilita. El que lucha contra sus enemigos cede su poder. La creencia de que hay algo externo que no tiene que ver con uno mismo es la esencia del miedo, la escasez y, sobre todo, de que hay cosas buenas y malas. El miedo al otro es la esencia de la separación, que se sustenta en que sin el otro o lo otro no podemos ser felices. Aquí se encuentra el origen de la lucha eterna entre el bien y el mal. Nadie sale vencedor de una confrontación, siempre hay una pérdida de energía, un alto en el camino, un desvío hacia un pedregal. Vivir en la paradoja es convertir cualquier enfrentamiento en fuerza, en impulso para mejorar nuestro proyecto de vida. Hay que hacer oídos sordos ante la calumnia. Está escrito: «Pon la otra mejilla». No recojas el guante de la ofensa, con esta actitud consigues dirigir la energía que proyectan en ti a tu favor. Si recoges el guante, automáticamente te polarizas, pierdes la fuerza de la paradoja y le das fuerza y sentido al provocador.

> Sin resistencia no hay crecimiento,
> sin dificultades no hay maestría.

Antes de adentrarme en la manifestación máxima de la creencia en enemigos, que es la guerra, voy a proponer una reflexión y después contaré una historia verídica.

Todos emanamos de una Consciencia; parafraseando a Schrödinger, «la conciencia es el singular en el que se desconoce el plural». Para una mayor aclaración, la consciencia contiene posibilidades infinitas, la potencialidad última o máxima. La conciencia manifiesta una de estas posibilidades y crea identidades que se oponen a la posibilidad manifestada. El miedo a todo lo que es diferente es el resultado de vivir en la conciencia, desconectado de la Consciencia.

Nuestra conciencia colectiva cree en la separación, en el bien y el mal, en la carencia, en la acumulación y, sobre todo, cree en los enemigos; es más, si no los tiene, los busca y convierte en enemigo a todo aquel que no comparte su modo de vida, sus ideas, como resume muy bien esta frase lapidaria: «Si no estás conmigo, estás contra mí».

Bien, sigamos el razonamiento. Si creemos en guerras y, por supuesto, en enemigos, en la ambición y en el poder que emana de la fuerza del uno sobre el otro, entonces la fuente nos inspirará para vivir lo que llamamos «realidad», ¡nuestra realidad!

La historia de Kalashnikov

«¡Me pregunto de dónde me vino esta idea!». Pues de donde vienen todas las ideas: de la consciencia, de la fuente.

DAVID CARSE, *Perfecta, brillante quietud*

Esta sentencia nos viene como anillo al dedo y nos permite comprender que la consciencia no juzga; simplemente manifiesta ideas y soluciones. No olvidemos que contiene potencialidades infinitas.

Estamos en la II Guerra Mundial, nuestro protagonista es un suboficial ruso que conduce un tanque. Lo hieren de cierta gravedad y lo envían a la retaguardia para que se recupere de sus heridas. En el camino se hace consciente de que los fusiles y las ametralladoras de sus compañeros se encasquillan con mucha facilidad, lo que conlleva la muerte de muchos soldados.

Desde muy pequeño ha tenido un gran interés por las armas, y los problemas que observa le motivan para innovar. No sin muchas dificultades, consigue hacer un prototipo de arma. Su perseverancia lo lleva a un centro en el que ingenieros de distintas regiones de la República Rusa trabajan para conseguir la mejor arma.

El fusil que construyó lleva su nombre; lo fabricó desde la más pura inspiración. Todos elogiaron su sencillez y fiabilidad. Cuando le preguntaron dónde había estudiado ingeniería, contestó: «Apenas tengo estudios».

No tenía conocimientos de ingeniería ni de mecánica, pero viendo que los fusiles de asalto fallaban, vio la solución. Fue una inspiración. Su fusil de asalto es una de las armas más vendidas. Se cree que se fabricaron doscientos millones y que en la actualidad continúan en circulación unos cien millones.

— REFLEXIONES —

Todos los inventores y creadores viven inmersos en la inspiración, tanto para la destrucción como para el bienestar de la población. El ser humano vive en la dicotomía construir/destruir. Crea imperios que tarde o temprano se hunden. Nada dura eternamente, siempre hay un desorden previo a un nuevo orden.

Nosotros somos nuestros peores enemigos, los buscamos fuera para no asumir la responsabilidad de que somos los causantes de nuestra propia desdicha. No somos conscientes de que esta proyección en la creación de enemigos puede llevarnos a nuestra propia desaparición. Nos hemos convertido en enemigos de nuestra Tierra sin darnos cuenta de que la naturaleza es vida y de que esta siempre sobrevive creando otro orden de cosas. La pandemia que estamos viviendo debería llevarnos a comprender que la salud de nuestro planeta es nuestra salud. Estamos entrando de lleno en la búsqueda del equilibrio de la paradoja industrialismo/ecologismo.

Veamos lo que nos dijo Khalil Gibran en su libro *El loco*, en el capítulo «El dios del bien y el dios del mal»:

> El dios del bien y el dios del mal se encontraron en la cumbre de una montaña.
>
> El dios del bien dijo:
>
> —Buenos días, hermano.
>
> El dios del mal no respondió.
>
> Y el dios del bien añadió:
>
> —¿Hoy estás de mal humor?
>
> —Sí —replicó el dios del mal—, porque muchas veces me han confundido contigo, me han llamado por tu nombre, me han tratado como si yo fuera tú, y eso no me agrada.
>
> Y el dios del bien dijo:
>
> —Pero a mí también me han confundido contigo y me han llamado por tu nombre.
>
> El dios del mal se alejó maldiciendo la estupidez humana.

En el caso del suboficial Kalashnikov, cabría preguntarse: ¿quién lo inspiró, el dios del bien o el dios del mal?

En el evangelio de Dídimo Judas Tomás podemos leer:

> El Reino de Dios está dentro de vosotros y está fuera de vosotros. Quienes lleguen a conocerse a sí mismos lo hallarán y cuando lleguéis a conoceros a vosotros mismos sabréis que sois los hijos del Padre viviente. Pero si no os conocéis a vosotros mismos, sois empobrecidos y sois la pobreza. No hay nada oculto que no vaya a ser revelado.

Este evangelio es una clara referencia Advaita (no dos). No hay separación entre sujeto y objeto. Mi yo es uno con el Universo. Todo lo que está fuera es un reflejo de lo que está dentro. Es una invitación a vivir esta verdad y a no transgredirla culpando a los demás de nuestras desagracias, porque al hacerlo nos empobreceremos en todos los niveles.

— SITUACIONES COTIDIANAS: ATERRIZAJE —

Si queremos alcanzar la comprensión de las enseñanzas Advaita, tenemos que hacer una integración de lo que llamamos «opuestos» y liberarnos de la creencia fundamental de que hay cosas buenas y cosas malas. No es posible llevar a cabo esta liberación de los opuestos desde la presunción de que todo y todos estamos desconectados y, por ende, separados, con la convicción de que lo que nos ocurre no tiene que ver con nosotros mismos, sino con causas externas a nosotros. No debemos olvidar que el «reino» está tanto fuera como en nuestro interior. Veamos cuatro situaciones como ejemplo.

1. Vivir la drogadicción como una cárcel para conseguir liberación

Tomar sustancias que nos lleven a una liberación teórica del estrés cotidiano, de sentirnos atados a responsabilidades, al trabajo, a una rutina diaria tiene su contrapunto; nos atamos a una sustancia que nos esclaviza. Si vivimos nuestra vida, la que llamamos real, como una lucha constante pensando en un futuro o huyendo de un pasado, estamos creando su complementario: la sustancia adictiva a través de la que intentamos huir, sea la que sea, a su vez nos ata.

Frente a la situación de la drogodependencia, las personas allegadas al drogadicto entran en otra dicotomía: ¿ayudar o no ayudar? Y si ayudo, ¿es correcto lo que hago?

La paradoja sería: «La mejor ayuda que puedo darte es no ayudarte».

Hay que estar presentes ante esta situación y tener la certeza de que la mejor ayuda siempre proviene de la persona que pide la ayuda. Debe hundirse en las propias miasmas para levantar la cabeza y empezar a andar de nuevo; entonces nosotros estaremos presentes. Acompañar cada paso que la persona en cuestión esté dispuesta a dar será nuestro compromiso; no otro.

2. El sacrificio es bueno y el egoísmo es malo

El sacrificio es la polaridad del egoísmo. El que se sacrifica lo hace pensando que su acto de sacrificio es un acto de amor, cuando en realidad es un acto egoísta. Siempre tiene la intención de conseguir algo y, muchas veces, utiliza la manipulación y la culpabilidad. Las personas que se sacrifican por los demás son personas que no viven su vida y normalmente tienen a su alrededor personas a las que perciben como egoístas y egocéntricas. Quienes nos tachan de egoístas lo hacen porque no hacemos aquello que ellas creen que deberíamos hacer. Cabe preguntarse entonces quién es el egoísta.

La persona que solo piensa en ella misma se ve rodeada de personas que viven en la otra polaridad, viven la vida de los demás. Ambas se complementan perfectamente, pues la enseñanza está en el equilibrio, en enseñarle al otro —su par— lo mismo: vivir nuestra vida sin descuidar a los demás, cuidar a los demás sin descuidarnos a nosotros mismos. La frase bíblica lo resume: «... amar al prójimo como a ti mismo». Ni más ni menos, añado, pues en realidad no hay nadie separado de nosotros.

El sacrificio nos puede llevar al resentimiento, y el egoísmo, al narcisismo. Ambos se balancean en el sentimiento de la culpabilidad. Al final, ambos proyectan la culpabilidad en los demás y ambos esperan sumisión y reconocimiento.

Vivir nuestra vida sin descuidar a los demás,
cuidar a los demás sin descuidarnos
a nosotros mismos.

3. La creencia en la soledad

Nadie puede estar solo, aunque sí es posible que se sienta solo. Una persona que se siente sola está proyectándose fuera constantemente, a la espera de algo o de alguien. Es una persona que no está consigo misma. No se escucha. Está polarizada en el abandono, y los que se le acercan están polarizados en ayudar a los demás. También se sienten solos.

Me gustaría compartir ahora esta reflexión: la soledad te permite encontrar tu compañía. Cuanta más necesidad tengas de estar con otros, más en silencio tendrás que estar y, sobre todo, más tendrás que reflexionar contigo mismo.

Estar solo implica peligro; vivir en soledad es esperar reconocimiento. Estar siempre rodeado de personas que nos necesitan o dicen que nos necesitan encadena nuestra libertad.

La soledad nos da miedo porque con ella caen todas las máscaras. Estamos viviendo siempre de cara a la galería en busca de reconocimiento, pero raramente nos tomamos tiempo para mirar hacia dentro.

4. No es más rico el que más tiene, sino el que menos necesita

Dar es tan importante como recibir; si solo das para recibir, siempre te faltará. Si das con plenitud, siempre tendrás. Esta frase nos muestra que la abundancia es un estado de consciencia. Hay ricos pobres y pobres ricos. Si desde muy pequeño no te falta de nada, ello puede convertirse en un problema. Ahorrar es bueno, vivir ahorrando puede ser malo. El derroche y la avaricia son dos polaridades que no saben vivir en la paradoja.

— EL TESORO DE VIVIR EN LA PARADOJA —

Saber vivir con la mente inmersa en la paradoja puede ser el secreto de una vida de éxito, entendiendo como tal estar en un continuo tobogán donde las bajadas sirven para coger fuerza e inercia para la siguiente subida.

La vida laboral a menudo implica un tira y afloja entre diversas exigencias contradictorias. Quitar para crecer, bajar para subir, aflojar para apretar, despedir para dar trabajo, invertir a fondo perdido para alcanzar niveles de rentabilidad que parecían imposibles. Para que sea factible hacen falta mentes paradójicas.

En apariencia, ser arrastrado en dos direcciones diferentes simultáneamente solo debería crear tensión y estrés. Sin embargo, existen algunas investigaciones, como las publicadas en 2017 por Miron-Spektor —profesora de comportamiento organizacional que ha examinado los beneficios de una mentalidad paradójica— y sus colegas, que aunque sean contraintuitivas indican que estos conflictos en el trabajo a menudo pueden favorecernos.

> Rendirse para lograr algo.
> Inclinarse para permanecer erguido.
> Vaciarse para llenarse.
> Morir para nacer.
> Darlo todo para recibirlo todo.
> Con la aceptación desaparece la paradoja,
> en la acción lo complicado se vuelve simple.
> Haga exactamente lo que sea necesario en cada momento
> y después no haga nada más.
>
> *El tao de las ventas*

En diversos estudios, psicólogos y científicos han descubierto que las personas que aprenden a aceptar demandas opuestas en lugar de rechazarlas muestran una mayor creatividad, flexibilidad y productividad.

Leo en *BBC news* qué es la mentalidad paradójica y por qué puede ser la clave para obtener el éxito. Albert Rothenberg, psiquiatra de la Universidad de Harvard, fue uno de los primeros en hacer una investigación formal sobre este tema con el estudio que realizó el año 1996 sobre genios reconocidos.

Al entrevistar a 22 premios nobel y analizar relatos históricos de científicos fallecidos que cambiaron el mundo, descubrió que cada pensador revolucionario había dedicado un tiempo considerable a «concebir activamente y de forma simultánea múltiples opuestos o antítesis».

Se ha observado que la creatividad se activa cuando una persona acepta dos ideas aparentemente irreconciliables. Saber gestionar el conflicto implica estar dispuesto a aceptar dos ideas que, en apariencia, son contrapuestas e integrarlas. Cuando dejamos de posicionarnos, damos una oportunidad maravillosa a la mente para que encuentre una solución que beneficie a ambas partes.

Ella Miron-Spektor, profesora en la escuela de negocios INSEAD, realizó un estudio interesante que demuestra que la mentalidad de la paradoja potencia la creatividad en la resolución de problemas. Ella y su equipo pidieron a los participantes que escribieran tres frases paradójicas, es decir, ideas aparentemente contradictorias que, sin embargo, pudieran ser ciertas. Después, realizaron varias pruebas psicológicas para evaluar la creatividad (https://www.bbc.com/mundo/vert-fut-54941432).

Una de ellas consistía en encontrar la relación o palabra que vincule tres alternativas.

¿Qué vincula «dolor, hombro, sudor», por ejemplo? Si adivinaste que la respuesta es «frío», te habrás dado cuenta de conexiones que no son evidentes entre diversas ideas; esta habilidad es fundamental para muchas formas de pensamiento creativo (https://www.bbc.com/mundo/vert-fut-54941432).

Tal vez te preguntes qué tiene que ver el frío con el sudor o el dolor y el hombro con el frío, pero estarás de acuerdo en que «sudor» también tiene relación con el frío, pues es el contrapunto de «calor». El frío siempre estará en relación con el calor, y este con el frío, y, además, decimos algunas veces que tenemos un sudor frío. Además, el frío puede calmar el dolor del hombro. Aquí se pueden apreciar las conexiones entre diferentes ideas, lo que se considera esencial para el pensamiento creativo.

Como ejemplo de pensamiento creativo paradigmático podemos mencionar a Einstein, que con su teoría de la relatividad muestra claramente cómo la contemplación de aparentes contradicciones pueden romper nuestras ideas preconcebidas, ofreciéndonos nuevas maneras de ver las cosas (https://www.bbc.com/mundo/vert-fut-54941432).

Einstein se dió cuenta de que un objeto puede estar en reposo y en movimiento dependiendo de la posición del observador, una observación que le condujo a formular la teoría de la relatividad (https://www.bbc.com/mundo/vert-fut-54941432).

Solo las personas que sepan afrontar la vida con una mentalidad paradójica, que no contemplen en su vida la queja, las lamentaciones y, sobre todo, que no se refieran a los demás como la causa de sus problemas serán capaces de transformar las dificultades en oportunidades para crecer y formular nuevas ideas y soluciones. Todas las demás solo encontrarán excusas para no innovar y no cambiar.

El estudio demostró que al proponer a los empleados declaraciones contradictorias como «me siento inspirado cuando me doy cuenta de que dos opuestos pueden ser verdad» o «me siento cómodo trabajando con tareas que se contradicen entre sí», se observó que la mentalidad de paradoja de la persona influía notablemente en su capacidad de responder a las demandas de su trabajo. Aquéllas que obtuvieron puntuaciones más altas, vivían el desafío de tener recursos limitados como algo estimulante y motivador; así, su desempeño mejoraba bajo presión, encontrando nuevas soluciones a los problemas relacionados con su actividad laboral (https://digaloahidigital.com/articulo/qu%C3%A9-es-la-mentalidad-de-la-paradoja-y-por-qu%C3%A9-puede-ser-clave-para-lograr-el-%C3%A9xito).

Un líder con esta mentalidad de la paradoja puede ser un gran estímulo para sus colaboradores, pues influirá en la capacidad de innovación de todos ellos.

Los estudios de Toyota Motor Corporation han concluido que en su cultura corporativa abundan ciertas paradojas, como, por ejemplo, los objetivos duales de mantener la estabilidad y, al mismo tiempo, fomentar el cambio de forma constante. Como dijo el expresidente de esa empresa, Hiroshi Okuda, «reformar el negocio cuando el negocio va bien».

Como dijo Robert A. Johnson:

«La capacidad de afrontar la paradoja es señal de fuerza espiritual y uno de los signos más inequívocos de madurez».

JOHNSON, R. A., & PORTI, M.* (2010).

La paradoja es siempre integración. Su contrapunto es la contradicción, que es siempre destructiva, estática e improductiva. Es hacer una cosa que no quieres hacer, pero que te obligas a hacer y, para ello, tienes que llenar la mente de justificaciones. Un punto más degradante es la culpabilidad. No hacer aquello que no quiero hacer, pero creo que debería hacer (creencia). Una pérdida de energía. Hay miedo. Es polarizarse en un punto. Es una arrogancia que hay que llenar de razones para oponerte a todo lo que te complementa.

Yo vivo con la paradoja que me da toda la fuerza para desarrollar mi vida con su proyecto: cuando me acepto a mí mismo como soy en cada momento, puedo cambiar. Y, sobre todo, en lugar de pensar que los conflictos deben evitarse, puedes empezar a verlos como una fuente de motivación y una oportunidad de desarrollo y crecimiento. Y, si estás en un periodo sin presiones externas, puedes crear una tensión que favorezca tu creatividad y crecimiento, por ejemplo, preguntándote: ¿Cómo podría mejorar mi desempeño en una tarea en particular?

Qué es la «mentalidad de la paradoja» y por qué puede ser clave para lograr el éxito. En cada conferencia me planteo este reto, cada clase es un ejercicio de mejora; pienso que mis ideas se acaban, me quedo en silencio y surgen nuevas maneras de ver las cosas. La integración en todos los aspectos resulta clave.

Cuando me acepto a mí mismo
como soy en cada momento, puedo cambiar.

La mentalidad paradójica nos permite estar centrados y movernos sin esfuerzo, en armonía con el cambio, en el conflicto, pero permaneciendo constantemente en un lugar tranquilo y en paz: nuestra mente.

*Aceptar la sombra de tu inconsciente: comprender el lado oscuro de la psique. "Pg. 61. Ediciones Obelisco".

- La paradoja es la unión de dos ideas aparentemente opuestas que, aunque parte una contradicción, encierra una verdad oculta.
- Todo orden tiene un desorden previo.
- Paradojas fundamentales: la pareja; tener enemigos; el bien y el mal; lo femenino y lo masculino; el sacrificio frente al egoísmo.
- La soledad te permite encontrar tu compañía.
- La creatividad se activa cuando una persona acepta dos ideas aparentemente irreconciliables. El conflicto encierra un tesoro.
- La capacidad de afrontar la paradoja es señal de fuerza espiritual y uno de los signos más inequívocos de madurez. Robert A. Johnson.
- La paradoja es siempre integración de las polaridades.
- Solo las personas que sepan afrontar la vida con una mentalidad paradójica, que no contemplen en su vida la queja, las lamentaciones y, sobre todo, que no se refieran a los demás como la causa, serán capaces de convertir las dificultades en grandes ideas.
- Cuando te aceptas a ti mismo como eres en cada momento, puedes cambiar.

CAPÍTULO IV

EL FRACASO ES LA SEMILLA DEL ÉXITO

> No hay nadie menos afortunado que el hombre a quien la adversidad olvida, pues no tiene oportunidad de ponerse a prueba.
>
> SÉNECA

> Cada adversidad, cada fracaso, cada angustia, lleva consigo la semilla de un beneficio equivalente o mayor.
>
> NAPOLEÓN HILL

Las batallas de la vida no siempre favorecen al hombre más fuerte o al más rápido, pero tarde o temprano la persona que gana es el hombre o la mujer que piensa que puede hacerlo. Os recomiendo que veáis la película *Corre como una chica*. Está basada en la historia real de una chica que llegó a ganar el Gran Premio de Melbourne, una de las carreras de caballos más importantes del mundo; fue la primera mujer en conseguirlo después de 155 años.

El fracaso, cuando se utiliza sin miedo, como parte del proceso de aprendizaje, elimina la debilidad y construye la fortaleza de pensamiento y carácter. No debemos olvidar que el fracaso es un concepto ligado a no cumplir unas expectativas; por lo tanto, es un estado mental que muchas veces se califica como algo malo, cuando en realidad nos lleva a un estado mental de «crisis» y esta crea la maravillosa oportunidad de fortalecer nuestra mente y de potenciar nuestra plasticidad neuronal.

Las adversidades, los contratiempos, las rupturas en las relaciones interpersonales; en definitiva, las experiencias dolorosas, vistas con una mente que comprende que somos información y que esta siempre se encuentra frente a nosotros como una polaridad complementaria, nos llevarán a vivir un momento de éxito por derecho propio.

> La adversidad tiene el don de despertar talentos que en la prosperidad habrían permanecido dormidos.
>
> HORACIO

En los momentos más oscuros de nuestra vida se esconde la oportunidad, la semilla, que nos llevará hacia el éxito. Los grandes maestros que se nos presentan en la vida son todas las crisis que vivimos. Mi consejo es muy claro: no te resistas cuando estas experiencias lleguen. Examínalas, obsérvalas, reflexiona para qué están frente a tu vida, qué lecciones contienen y qué liberación conllevan.

La resistencia al cambio, a la reflexión, nos conduce a un estado mental de sufrimiento, una señal de que estamos manteniendo una forma de pensamiento fija e inflexible. La no aceptación de la crisis, agarrarse a un lamento y prolongarlo en el tiempo puede tener consecuencias en nuestro bienestar físico y emocional. El sufrimiento siempre es una opción, la cual está moldeada por la no aceptación y por querer que las cosas sean como a uno le gustaría que fueran. No obstante, siempre podemos volver a elegir cómo vivir.

Mi propia historia es un buen ejemplo de esto: el fracaso es éxito, son dos polaridades del mismo espectro, el espectro de la abundancia, del logro. El fracaso hace surgir en cada uno de nosotros el «héroe» y gracias a él somos capaces de manifestar nuestro potencial, del que no éramos conscientes. Este héroe me llevó, a mis cuarenta y cuatro años, a empezar a estudiar Psicología. Surgió cuando percibí que el camino que llevaba más de diez años recorriendo tocaba a su fin. Tenía esposa y tres hijos a mi cargo. Fueron momentos muy aciagos que sentí que afectaban a mi salud. Había experimentado varios fracasos en mi vida. La confianza en mí mismo empezó a resquebrajarse, llevaba encima de los hombros una carga muy pesada. Fueron momentos muy sombríos, vi mi muerte física como una opción muy presente. Me rendí una vez más, con la comprensión y certeza de que hay algo superior que nos sostiene a todos y a cada uno en particular. La rendición nos lleva a la calma, a dejar de resistirnos, a dejar de buscar una solución. Yo no sabía qué hacer en aquel momento, pero sí qué actitud tomar: seguir luchando, seguir presente en mi vida, asumiendo todas las responsabilidades, y, sobre todo, mantener la calma, centrarme en el momento presente y dejar que el mañana se manifieste en su momento. Me reinventé, surgieron otras metas, otros horizontes y me entregué a ellos con toda el alma. Convertí cada momento de mi vida en un estado de agradecimiento. Entonces me surgió en la mente una idea que sigue presente hoy en día como si fuera un mandamiento: «Convierte tus lamentos en sabiduría, ellos encierran la transformación». Da las gracias siempre. Aprendí que las crisis provocan cambios y que sin estos no hay crecimiento ni evolución.

> Convierte tus lamentos en sabiduría,
> ellos encierran la transformación.

— UNA MENTE EN CALMA —

Vivimos situaciones que nos conducen a la incertidumbre, al miedo, que es consecuencia de una pérdida de control. La mente, que lo quiere controlar todo, está desorientada; no tiene experiencias previas en las que basarse. Solo queda una opción: reinventarse. Reinventarse es dejar morir lo viejo, renunciar a la seguridad de hacer lo que habíamos hecho hasta el momento. Es poner en marcha una manera nueva de estar en el mundo. La mente busca y busca, y solo encuentra opiniones. ¿Dónde está la experiencia? La respuesta es simple: aquí y ahora, en este momento, y lo primero que hay que hacer es mantener la mente en calma, lo que nos permitirá escuchar y encontrar el camino a seguir.

Si queremos encontrar nuevas soluciones a nuestros problemas, hemos de trascender los límites que hemos impuesto en nuestra mente.

Para poder lidiar con el fracaso es fundamental mantener la calma. Una mente en calma permanece a la escucha frente a las mayores tormentas emocionales. La calma es poder, la calma es reflexión, la calma trasciende el espacio-tiempo. Una mente en calma no busca una solución, es plenamente consciente de que en su momento la dirección a seguir se presentará y lo hará de una forma no esperada, impensable, como un *flash* de luz. La calma no es inacción, sino todo lo contrario: es la acción más abundante, más poderosa que un ser humano pueda llevar a cabo jamás. Es signo de una mente que sabe que está conectada a una mente mayor, a una inteligencia que nos susurra al oído constantemente. No podemos oírla por una sencilla razón: tenemos un zumbido mental, un ruido que nos impide abrir una brecha a través de la cual esta inteligencia pueda manifestarse gracias a un silencio necesario, y recibir la idea, la respuesta adecuada para cada situación, para cada momento que tildamos de crisis.

La verdadera calma se produce cuando conseguimos gestionar de forma equilibrada la tristeza que acompaña al fracaso, del mismo modo que gestionar de una forma adecuada la alegría que acompaña al éxito. Experimentar ambas polaridades, saber integrar ambos estados emocionales sin dejarse llevar por ellos, es vivir en la abundancia.

Si queremos encontrar nuevas soluciones
a nuevos problemas, hemos de trascender los límites
que hemos impuesto en nuestra mente.

Y podemos preguntarnos: ¿es posible mantener una mente en calma en momentos de gran tribulación?, ¿qué se requiere para ello? He vivido momentos de enormes crisis y de gran aturdimiento. De niño era muy rebelde, siempre estaba peleándome. De más mayor buscaba constantemente la confrontación. Llegaba a enfrentarme a mis profesores en una época en que hacerlo era prácticamente una heroicidad. He vivido pérdidas de todas clases. Me han calumniado sin piedad, he pasado por todos mis miedos, y, lo que más fuerza me ha dado ha sido un estado mental que aprendí hará unos veinte años: la rendición.

> La calma es poder, la calma es reflexión,
> la calma trasciende el espacio-tiempo.

La rendición

Hablo mucho del estado de rendición y lo hago justo porque este estado me llevó a la paz interior. No confundamos rendición con resignación; esta última indica inmovilidad, apatía, victimismo. Rendirse es ceder en lugar de oponerse al flujo de la vida. El único momento en el que puedes experimentar el flujo de la vida es el ahora. Rendirse es aceptar el momento presente de manera incondicional y sin reservas.

La rendición es un fenómeno puramente interior, que no implica que no puedas intervenir en el exterior y cambiar la situación: no necesitas aceptar una situación desagradable. Reconoces que quieres salir de esta situación y te centras en el momento presente. No hay juicios mentales sobre el ahora; por consiguiente, no hay resistencia ni negatividad emocional.

No confundas la rendición con una actitud de «ya nada puede molestarme» o «ya no me importa». Estas actitudes están contaminadas de negatividad. Es una forma de resentimiento oculto, de resistencia enmascarada.

La rendición te permite liberarte del dolor y la tristeza. Te libera de la identificación con la mente. Si no hay nada que puedas hacer y la situación persiste, úsala para entrar más profundamente en la rendición, en el ahora, en el ser. *Un curso de milagros,* que en su día apareció en mi vida como un «mentor», denomina este momento «Instante Santo». Para mí se produce cuando recibimos una respuesta que no está implícita en la pregunta. Cuando se pide un Instante Santo, lo haces con la certeza de que tú «no sabes» y, sobre todo, de que quieres ver la situación de otra manera.

> El único momento en el que puedes experimentar
> el flujo de la vida es el ahora.

> Rendirse es aceptar el momento presente
> de manera incondicional y sin reservas.

Un día me sentí destrozado física y mentalmente, mi vida había perdido sentido; por mi mente pasaban un montón de ideas, a cuál más descabellada. Me sentía solo, abandonado; mi fe había desaparecido, a este estado se le llama «noche oscura del alma». Recuerdo a la perfección ese momento: estaba sentado en la cama, cabizbajo, y me dije a mí mismo: «¿Qué sentido tiene la vida? Estoy cansado de tanto luchar sin saber adónde voy ni para qué estoy aquí». Sentía el corazón encogido. No sé cuánto tiempo pasó, pero de repente vi una solución y me dije: «Deja de luchar, deja de sentirte víctima y ríndete». Cogí un lápiz, mi libreta de anotaciones y escribí: «Si hay una energía inteligente que nos da la vida, estoy seguro de que tiene que haber otra manera». Entonces, me decidí: «Me rindo. No voy a seguir tomando decisiones por mi cuenta. Te entrego mi vida».

A las pocas semanas cayó en mis manos un libro, *El poder frente a la fuerza*, del doctor David R. Hawkins, en el que habla de la rendición. El autor vivió muchas penalidades y sufrió muchas enfermedades, y declara en su libro con qué intención empezó a vivir, a renacer.

> Empecé a entregar cada pensamiento, cada acción a la Presencia (al Ser). Después vino la disciplina de actuar con amabilidad y perdón de una manera constante y sin excepción. Uno tiene que ser compasivo con todas las cosas, incluyendo su propio ser y sus pensamientos.

Nos cuenta que a medida que iba entregando cada pensamiento, cada sentimiento, cada acto, su mente iba quedando cada vez más en silencio.[17]

Cuando sientas que tu alma está oprimida, tu corazón encogido y tu mente llena de dolor y resentimiento, ríndete. Deja de intentar hacer tu voluntad, ríndete y entrega al ser «tu verdad», tus razones y tu lucha por querer que las cosas sean como a ti te gustaría que fueran. Ríndete, sin más.

La rendición te permite liberarte del dolor y la tristeza.
Te libera de la identificación con la mente.

Cuando esta actitud mental sea un hábito instaurado en tu mente, vivirás momentos plenos llamados «certeza». La certeza es una fuerza muy poderosa y un antídoto ante el fracaso. Te permitirá crear metas que tendrán como objetivo el bienestar general; luego hay que rendirse. Observa tus dudas y tus miedos, no te resistas a ellos; solo lo conseguirás gracias a la rendición.

De repente, observas tu mundo, tu vida, tus situaciones y comprendes que las habilidades y oportunidades que tienes en cada momento son enormes e incalculables. En otras palabras: no puedes salir corriendo porque la barrera que veías está formada por tus propias creencias, las de tu estado de conciencia.

Observa tus dudas y tus miedos, no te resistas a ellos.

La certeza

La certeza es la expresión del ser en tu vida. Surge una paradoja: todo sucede como siempre, pero ya no es lo mismo. Te liberas de entender nada y entras en la comprensión.

No alimentes los pensamientos de temor y de dudas; tampoco te resistas a ellos: son una manifestación de tu mente. No se trata de querer eliminarlos, tan solo de observarlos de una forma desapegada. Si se manifiestan es porque en su día los alimentaste.

La certeza es sabiduría, es saber que solo existe abundancia en el universo y que este proveerá en la medida en que le permitamos a nuestra mente entrar en la calma, en la quietud y en la escucha.

Eckhart Tolle, en su libro *El poder del ahora*, nos deja muy claro que la rendición nos conecta con la fuente de energía del Ser. La rendición nos centra en el ahora, en el momento presente. Nos lleva a aceptar la incomodidad; no hay lucha, pero sí acción. Que aceptes la situación no quiere decir que te quedes sin hacer nada: te mueves, buscas, actúas, pero sin resignación. Cada acción está libre de resentimiento, es un estado mental donde la energía fluye. No hay obstáculos, pues no percibimos amenazas, aunque veamos frente a nosotros las falsedades y las proyecciones de miedos de aquellos que nos rodean.

Reflexión:
Si tu estado actual es desagradable, de insatisfacción, toma este instante y ríndete a lo que es. Comprende que es una reacción: calmarás tu alma y tu estado de conciencia ya no dependerá de lo exterior.

— VIVIR LOS TIEMPOS DE CRISIS: LAS «TORMENTAS» DE LA VIDA —

Está escrito y muchas veces lo digo en mis conferencias y seminarios: «Un mar en calma no hace marineros». También hay una frase china anónima que reza: «Caminos fáciles no llevan lejos». Otra frase que me gusta muchísimo es «Las tormentas siempre están a favor del navegante». Todas y cada una de estas frases custodian el tesoro encerrado en un cofre y la llave que lo abre es la apertura de nuestra mente, la comprensión de que las crisis activan unas posibilidades que están en nuestra psique inconsciente, a la espera de un acontecimiento que las catalice para que podamos expresarlas.

La crisis mundial que estamos viviendo está estimulando a investigadores de todos los ámbitos y, lo más importante, nos guía hacia a la comprensión de que nuestra salud depende de la salud del ecosistema. La periodista científica Laura Garrett imagina que la pandemia generará oportunidades para encarar las injusticias de nuestros sistemas sociales y económicos. Noam Chomsky, uno de los intelectuales políticos más importantes en estos tiempos, nos propone la siguiente reflexión: «Hemos de preguntarnos qué mundo saldrá después de todo esto —y añade—: ¿En qué mundo queremos vivir?».

The Economist se atreve a avanzar cómo vamos a gestionar nuestro trabajo, tiempo libre y viajes a partir de ahora. Nos dice cosas como:

- La alternativa entre trabajo presencial y a distancia se asentará definitivamente.
- Se crearán múltiples espacios para juntas digitales.
- Desaparecerán un 50 % de los hoteles de trabajo.

- Se vivirá fuera de las grandes ciudades en casas preparadas para el teletrabajo.
- La empresa tradicional llega a su fin.
- Se cuidará la salud mental.
- Se resolverán temas globales.
- Se potenciarán la salud, lo natural, los valores más espirituales.

Presiento que la crisis mundial que ha provocado la pandemia del 2020 va a ser una ganancia para la humanidad en su conjunto. Es una magnífica oportunidad para concienciarnos de que nuestro hábitat tiene un equilibrio, una homeostasis y de que no podemos seguir como hasta el momento. Potenciar la salud y cuidar una alimentación natural y equilibrada será un gran reto para nuestra supervivencia. ¡Aprovechemos las crisis!, son una llamada al cambio integral de mente, de acciones, de apertura de conciencia.

Las crisis siempre son puntos de inflexión, momentos de reflexión, de asumir responsabilidades y pasar a la acción. Vivimos en un campo de consciencia, en el que reverberan nuestros pensamientos, sentimientos y las decisiones que tomamos. Cuando nos alejamos de la «coherencia», cuando solo buscamos nuestro bien sin que nos importe el bien global, estamos llamando a la crisis.

Pregúntate: ¿Cómo das? ¿Cómo te das a la vida?

Todos tenemos un «don», nuestro deber es encontrarlo y manifestarlo, cederlo a la vida.

Khalil Gibran, en su libro *El profeta*, en el apartado «Don», nos inspira a reflexionar cuando nos advierte:

- Poco dais si solo dais de vuestros bienes.
- Solo dais de verdad si dais de vosotros mismos.
- ¿Y qué es el miedo a la miseria sino la miseria misma?
- Los hay que tienen poco y que lo dan por entero. Esos creen en la vida y la bondad de la vida, y su cofre nunca está vacío.
- Y los hay que dan con alegría, y esta alegría es su recompensa.
- Y los hay que dan con dolor, y este dolor es su bautismo.

- Intentar, primero, ser vosotros mismos merecedores de ser donantes e instrumentos de este don. Ya que, en verdad, es la vida la que da a la vida; mientras que vosotros, que os creéis donantes, no sois en realidad más que testigos.

Cabe destacar la relevancia que tiene nuestra actitud frente a los acontecimientos de la vida. Dar desde una conciencia que se siente separada, que da esperando recibir, es lo que hace una mente en crisis, una mente que vive en el miedo a la carencia. Una mente abundante, que sabe utilizar las crisis, es consciente de que siempre está dando y de que a lo único que debe prestar atención es a lo que da. Dar con la conciencia de que siempre estás dando y de que a lo único que debes prestar atención es a lo que das, y si no lo sabes presta atención a lo que recibes, nos indica que estamos frente a una mente abundante, que sabe utilizar las crisis. Una mente que vive en la paradoja —mente abundante— sabe utilizar las dos polaridades sin dejarse atrapar por ellas. Sabe que su estado mental atrae a su vida circunstancias cuya dificultad contiene el tesoro de un desarrollo a todos los niveles: material, mental y espiritual. Por otra parte, una mente que vive en la contradicción y la lucha de los opuestos se queda atrapada en el estado de crisis, vive en la queja y a la espera de que alguien o algo le solucione sus problemas.

La mentalidad abundante aprende de cada situación, gracias a la comprensión de que toda acción siempre conlleva una reacción y que muchas veces esperamos algo concreto. Muchas veces creemos que cuando hacemos algo con todo nuestro amor, la vida nos da luces de colores y una lluvia de flores. Nada más lejos de la realidad: sé por experiencia propia que dar, hacer y decir algo con todo nuestro cariño y entrega genera respuestas muy variadas y muchas veces inesperadas. Cuando hacemos algo que mueve conciencias se manifiesta la sombra que todos tenemos hasta tal punto que un acto de generosidad puede despertar la ira en otros, pues la honestidad activa la mentira y la crítica; el espíritu de superación altera a los vagos; las ideas nuevas molestan a los inmovilistas; los logros personales activan la envidia en los demás.

A esta joven mujer le recuerdo que las alegrías y las tristezas se encuentran en el mismo pozo de las emociones. Están intrínsecamente unidas y las unas no pueden liberarse de las otras. Las unas se alimentan de las otras. Es ley de vida.

Cuando brillas creas un campo magnético que atrae a personas con una gran variedad de intenciones. Unos buscan colaborar; otros, curación; otros, paz; otros, arrimarse a una buena influencia; al final te darás cuenta de que puedes activar la sombra de otras personas, su lado oscuro. Entonces y solo entonces sabrás que estás caminando por la senda adecuada.

El Ser, la presencia, nos permite integrar las dos polaridades: no tener dinero es temporal, una crisis matrimonial es temporal, la pérdida del trabajo es temporal. Todos y cada uno de ellos conllevan enseñanzas y oportunidades para cambiar nuestra vida.

— LA ACEPTACIÓN DE LA PARADOJA —

«Es probable que algo improbable suceda»

ARISTÓTELES

La paradoja proviene del antiguo vocablo griego *doxa*, que equivaldría a «opinión», «prejuicio», «creencia» y *para*, que significa «contra», así que todo junto es algo como «contrario a la opinión preconcebida».

En Bioneuroemoción decimos que un buen acompañante «sabe que no sabe». Una mente que es consciente sabe que para encontrar una solución al conflicto debe rechazar cualquier concepto preconcebido; dicho de otra manera: «para encontrar dejo de buscar».

La paradoja vive de los opuestos. En la paradoja desaparecen los conceptos y aparece lo inesperado. Una frase que define la paradoja: «este es un lugar al que casi nadie llega porque se aferra». Estoy hablando de aferrarse a los posicionamientos; no podrás escapar de tu fracaso si no lo utilizas como un impulso para tu éxito.

Aclarando lo anterior, pues puede incomodar, que es el propósito de este capítulo, quiero decir que si te aferras a tu verdad como si fuera la «Verdad», no podrás acceder a otra manera de ver las cosas y llegar a la comprensión de que tu verdad es parcial y relativa. Si no utilizas tus fracasos como experiencias de aprendizaje para avanzar hacia el éxito, no podrás escapar de tu sensación de derrota. Como ejemplo pongo a Thomas Edison: ¿cuántas veces fracasó en el invento de la bombilla? Él nunca lo vio como un fracaso, sino como algo que no tenía que emplear. A Edison se le atribuye esta frase: «No fracasé; he conseguido saber 999 formas de cómo no hacer una bombilla».

«Todas las prohibiciones incitan a la desobediencia».

«No hay nada menos atractivo que lo que existe en abundancia».

No podrás escapar de tu fracaso si no lo utilizas
como un impulso para tu éxito.

Los seres humanos reaccionan de forma paradójica. Por eso, si quieres influir en los demás, una buena estrategia es utilizar la paradoja que suele llevarte al éxito. Como el siguiente caso que registró Mark Twain (1835-1910):

Tom tenía que pintar una cerca. Era una tarea aburrida que le fue impuesta como castigo. Además, le atormentaba la idea de que los demás niños tuviesen el día libre. Tarde o temprano, pasarían por allí y se burlarían de él. Era una situación desesperada. Al cabo de un rato, apareció el primer chico, Ben Rodgers. Ben se puso detrás de Tom y se mofó:

—Te han pillado, ¿eh?

Tom se hizo el sordo y siguió pintando con entusiasmo artístico.

—Yo me voy a nadar —dijo Ben—. Y tú tienes que trabajar.

Tom fingió sorpresa:

—¡Ah! Eres tú, Ben... ¿Trabajar? ¿A qué te refieres con eso de trabajar?

Y empezó a alabar la pintura como si fuera un gran arte, hasta que Ben acabó preguntando:

–¿Puedo pintar un poquito yo también?

Poco a poco fueron apareciendo los demás niños. Todos querían participar en la atracción de la pintura. Amasó una pequeña fortuna en forma de canicas, golosinas, ratas muertas, etc.

Tom había aprendido una importante lección: lo que parece un trabajo pesado cuando uno «debe» hacerlo se convierte en un placer cuando uno «quiere» hacerlo.

Para los seres humanos algo es deseable solo cuando consideran que es difícil conseguirlo. El temor a la pérdida no se combate aferrándose a algo, sino soltándolo. El miedo a perder a la pareja no se combate controlándola, sino haciendo que se sienta libre. El miedo al fracaso no se combate inhibiéndose, sino lanzándose a la experiencia del posible triunfo.

No soy un buen nadador, lo cual hace que no me aleje de la costa. Un día leí que un pescador se había caído de su barca y había estado flotando en el mar durante ocho horas hasta que lo encontraron. Ahora me alejo de la costa —no mucho—, nado distancias antes impensables para mí, y lo más curioso es que no me canso y, si así sucede, me relajo flotando. El que se ahoga no es porque no sepa nadar, sino porque se desespera presa del miedo y su agitación de brazos y piernas es tan frenética que se agota. No dejes que las vicisitudes de la vida te ahoguen; mantén la calma.

Por todo ello, vivir en la paradoja nos enseña a saber «nadar» entre las polaridades con la certeza de que la fuerza que la paradoja te da es la que te permite siempre salir a flote de cualquier situación.

Los grandes maestros nos lo han enseñado siempre:

> Amad a vuestros enemigos.
> Haced el bien a quienes os odian.

> LUCAS 6:27-49. Atribuida a JESÚS

La paradoja en las relaciones

Vuelvo a insistir en las relaciones. Estas son el más maravilloso recurso para trascender las polaridades gracias a la mente paradójica. En toda relación hay dualidad y no es necesario que estemos refiriéndonos a un matrimonio propiamente dicho. Vivir en pareja es algo natural, sea esta pareja de hecho, de socios, de amistad o de trabajo. No importa qué intención tengamos en esa relación; buscamos siempre al otro porque sin él no somos. Hasta tal punto son importantes las relaciones que sin ellas vivimos enajenados, podemos llegar a sufrir si no estamos frente a otra persona. Compartir nuestras experiencias es vital para seguir teniéndolas.

¿Ahora mismo estoy escribiendo para mí o para los demás? Si escribo sin que me importen los demás, ¿qué sentido tiene escribir? Cuando escribo para mí, automáticamente me desdoblo en el otro, el que lee lo que escribo. La paradoja me lleva a la compresión de la necesidad de proyectarme, de verme a mí mismo en mis experiencias que se realizan con el otro, que muchas veces no me reconoce. A su vez, su rechazo me da fuerza o me debilita. Esta es la fuerza de la paradoja. Al final, si utilizo la energía de su oposición a mi favor, da como resultado una fuerza mayor que el impulso inicial.

Reflexiones:

¿Qué sentido tendría mi vida sin los demás?

¿Qué crees que te hizo especial a los ojos de los que te aprecian o te quieren?

Lo que más nos atrae de alguien se puede convertir en lo que más nos molesta. Vivimos en un mundo de luces y sombras, y cada aspecto de nuestro mundo da sentido al otro. La sabiduría no está en eliminar el aspecto que más nos disgusta, sino en comprender que la razón de la existencia de uno descansa en el otro. Somos totalmente inseparables y a la vez inmiscibles. Cuando nos centramos en un aspecto y nos enfocamos en rechazar el otro, más fuerza le damos a aquello que no aceptamos.

Por ejemplo: hay personas que nunca se enfadan y jamás se muestran agresivas, y se convierten en expertas en provocar el enfado y la cólera en los demás. De esta manera pretenden encontrar su paz: proyectando su enfado, el que rechazan y condenan en ellos mismos. Viven en la negación de la paradoja, la de evitar mostrar enfado y mostrar tranquilidad. Entonces su frustración o enfado —que está en su sombra— los proyectan en sus relaciones.

En la película *Un monstruo viene a verme*, se muestra la vida como paradoja en el diálogo que entablan el monstruo y el chaval, Conor O'Malley.

Su madre tenía cáncer y a él se le repetía un sueño en el que soltaba a su madre en un escenario que era un cementerio. Veamos el diálogo:

—Y una parte de ti deseaba que este sufrimiento se acabara, aunque ello significaba perderla [...] solo querías que se acabara el dolor [...] es el deseo más humano que hay [...] querías y al mismo tiempo no querías...

—¿Cómo pueden ser las dos verdad? —pregunta el chaval.

El monstruo responde:

—¿Cómo un príncipe puede ser un asesino y ser amado por su pueblo? ¿Cómo un boticario puede tener mal genio y ser recto en sus principios? ¿Cómo puede ser que los hombres invisibles estén más solos haciéndose ver?

—No lo sé —le contesta el chaval.

—Los humanos son animales complicados [...] Te crees mentiras piadosas sabiendo perfectamente que las verdades dolorosas hacen estas mentiras necesarias [...] al final, Connor, lo que pienses no es importante, lo único importante es lo que hagas.

—¿Y entonces qué hago? —responde Connor.

—Lo que acabas de hacer: decir la verdad.

—¿Y ya está?

—Crees que es fácil, preferías morir antes que decirla.

Si rechazamos todo aquello que nos parece adverso, indigno, poco fiable o envidioso, estamos allanando el terreno para el fracaso. Tampoco debemos olvidar que las cualidades reprimidas pueden terminar siendo peligrosas.

> [El odio] tiene mucho en común con el amor, especialmente con los aspectos trascendentes del amor, la fijación en los demás, la dependencia y la renuncia a una parte de nuestra propia identidad [...]. Quien odia ambiciona el objeto de su odio.
>
> JOHN A. SANFORD, *Encuentro con la sombra*, tercera parte

> La angustiosa realidad es que la vida cotidiana del ser humano se halla atrapada en un complejo inexorable de opuestos —día y noche, nacimiento y muerte, felicidad y desdicha, bien y mal—. Ni siquiera estamos seguros de que uno de ellos pueda subsistir sin el otro, de que el bien pueda superar al mal o la alegría derrotar al sufrimiento. La vida es un continuo campo de batalla. Siempre lo ha sido y siempre lo será. Si no fuera así, nuestra existencia llegaría a su fin.
>
> CARL G. JUNG

La paradoja es creativa

Es la aceptación de la realidad y posibilita la gracia. La capacidad de afrontar la paradoja es señal de fuerza espiritual y uno de los signos más inequívocos de madurez.

Veamos un ejemplo de contradicción que implica falta de madurez emocional:

Ejemplo

Mujer joven y casada que no quiere tener relaciones sexuales con su marido, sobre todo después del primer parto. Ella se forzó a tenerlas estando en cuarentena. Aquí tenemos la esencia de la contradicción que siempre contiene creencias-sombra, entre las que se encuentran las creencias introyectadas por la familia y, en este caso, por las mujeres del clan. En esta consulta fue la abuela materna, que siempre decía que todos los hombres piensan y quieren lo mismo. Seguía sosteniendo la creencia pues aun durmiendo en habitaciones separadas, ella se forzaba a ir de vez en cuando a tener sexo con su marido yendo a su habitación. Creencia-sombra: «Hay que complacer al marido».

> La base de la mayoría de los sufrimientos neuróticos de la humanidad es pensar que hay una forma sagrada y otra sacrílega de actuar.
>
> KEN WILBER

Vivir en la dualidad, la de las cosas bien hechas y mal hechas, implica dolor, sufrimiento, culpabilidad; en definitiva, pobreza y crisis permanente.

Entrar en la paradoja, que es trascender la dualidad, nos permite conocer la auténtica felicidad tan anhelada. La felicidad se sustenta precisamente en saber gestionar la paradoja, gestionar las opciones que aparecen totalmente contrapuestas. Es un estado de equilibrio emocional frente a los avatares de la vida.

Se trata de una comprensión profunda entre ambas polaridades:

- El enchufe eléctrico tiene dos dientes, uno para acceder a lo negativo y el otro para acceder a lo positivo. El neutro es uno mismo.
- Arriba solo es posible si existe abajo.
- El norte sin el sur no es posible.

- ¿Qué sentido tendría mi vida sin los demás?
- ¿Qué es la alegría si no conoces la tristeza?
- Lo cóncavo necesita lo convexo.
- El día necesita la noche.
- Lo masculino no se entiende sin lo femenino.

¿Dónde se encuentra la felicidad?

- Es el equilibrio perfecto entre dar y recibir; entre obtener y dejar ir.es saber vivir en equilibrio emocional comprendiendo que la alegría existe gracias a la tristeza, que valoramos la salud porque conocemos la enfermedad. En definitiva, vivir con la certeza de que un estado no puede existir sin su opuesto o, mejor dicho, complementario.
- Por lo tanto, la felicidad es compartir el camino de la vida con todos los seres que nos encontremos, sabiendo que gracias a ellos siempre podremos recordar que todo es una ilusión, que no hay verdades absolutas y que nuestro estado de conciencia está determinando en todo momento nuestras experiencias, sin olvidar nunca que tenemos el poder de elegir cómo vivir cada instante de nuestra vida. Aquí reside nuestra libertad emocional, que sustenta lo que llamamos «felicidad verdadera».

La pobreza

Con pobreza no me refiero a la condición económica, sino que todos podemos vivir con una mentalidad de carencia en diferentes aspectos, como las amistades, la educación, la salud y, de forma general, en nuestro nivel de felicidad.

La mentalidad de pobreza es asumir que el fracaso es un impedimento para el éxito, es dejar de fluir, resignarse a lo que sucede sin hacer nada al respecto. Sé muy bien, por experiencia propia, lo que es quedarse sin nada. Cuando me marché de la casa donde vivían mis padres y mis nueve hermanos, lo hice con lo puesto. En este momento descubrí mi tesoro: la gran confianza que tenía en mí mismo. Una cualidad que los psicólogos ya vieron en mí cuando era pequeño. Se manifestó en un momento de crisis, de nuevo comienzo, en un momento clave en mi vida. No miré hacia atrás, me abrí a lo que la vida me deparara. Mi divorcio fue otro momento de crisis; como me sentía responsable de haberlo provocado, me fui dejándole casi todo a la que había sido mi mujer. Me fui libre, sin resentimiento y sin nada material. Volví a hacerme consciente de mi tesoro, la confianza en mí mismo. Más tarde supe que esta confianza, que ya era una certeza, es la esencia de todos y cada uno. ¡Cuán lejos estaba de donde estoy ahora! Esta expresión genera otra paradoja: «Me veo lejos y no me he movido». Siento que no me he movido, que todo es como un documental de experiencias y que al aceptarlas y perdonarme he llegado a mi estado actual de consciencia.

La mentalidad de pobreza es asumir el fracaso como un fin ineludible.

Actualmente se me considera una persona de éxito, pero sigo sin necesitar nada. Doy las gracias por lo que la vida ha expresado a través de mí. Soy plenamente consciente de que no soy el hacedor, todo es un estado mental. Sé perfectamente que si volviera a las condiciones anteriores, volvería a las condiciones actuales. Esto es para mí vivir en la paradoja: el fracaso, la pobreza, es la semilla del éxito.

Reflexiones

La felicidad, como el éxito, es la consecuencia automática de vivir de cierta manera, de relacionarnos con nosotros mismos de una forma concreta y de tener determinada consciencia.

DAVID R. HAWKINS

La mejor manera de alcanzar la felicidad es dejando de lado la preocupación por ser feliz. Si hay algo que quieres resaltar y enfocar, hay que concentrarse en eso. Todo lo demás vendrá como tenga que venir.

JUNE GRUBER

Henry Ford ilustra con una frase lo que venimos explicando sobre la importancia de aceptar la paradoja:

> Hay un secreto para el éxito, es el siguiente: entender el punto de vista del otro y ver las cosas con sus ojos.

O la del biofísico Ludwig von Bertalanffy en la teoría de los sistemas:

> La realidad fundamental es una unidad de los opuestos.

Cuando entramos en la paradoja, que implica aceptación, comprendemos que se nos presenta una oportunidad para conocernos a nosotros mismos, y en este momento convertimos las crisis en abundancia, en concreto en abundancia de conocimiento de nosotros mismos.

En definitiva, no se puede vivir en la paradoja —la esencia de la felicidad— sin los opuestos. Anthony de Mello nos conduce a un reto más profundo de la paradoja cuando nos pregunta:

> Si nuestra felicidad dependiera de soltar todo, absolutamente todo, quedarnos sin problemas, sin apegos, sin dependencias, sin sensaciones de víctimas o salvadores, ¿cuántos estaríamos dispuestos a ser felices?

Es una magnífica reflexión esta de que sin los opuestos, la vida no tiene sentido alguno. La felicidad es un estado mental donde uno comprende —en todo el sentido de la palabra— que las polaridades, los opuestos, ejercen la fuerza necesaria para producir la explosión que llamamos vida.

Para terminar, dejo aquí este poema de Rumi que nos invita a la reflexión:

> El ser humano es una casa de huéspedes.
> Cada mañana un nuevo recién llegado.
> Una alegría, una tristeza, una maldad.

Cierta consciencia momentánea llega
como un visitante inesperado.

¡Dales la bienvenida y recíbelos a todos!
Incluso si fueran una muchedumbre de lamentos,
que vacían tu casa con violencia.
Aun así, trata a cada huésped con honor
puede estar creándote el espacio
para un nuevo deleite.
Al pensamiento oscuro, a la vergüenza, a la malicia,
recíbelos en la puerta riendo
e invítalos a entrar.
Sé agradecido con quien quiera que venga
porque cada uno ha sido enviado
como un guía del más allá.

RECORDEMOS

- El fracaso, cuando se utiliza sin miedo como proceso de aprendizaje, elimina la debilidad y construye la fortaleza de pensamiento y carácter.
- Los grandes maestros que se nos presentan en la vida son todas las crisis que vivimos.
- Una mente en calma permanece a la escucha frente a las mayores tormentas emocionales. La calma es poder, la calma es reflexión, la calma trasciende el espacio-tiempo.
- «Las tormentas siempre están a favor del navegante».
- Todos tenemos un «don», nuestro deber es encontrarlo y manifestarlo, darlo a la vida.
- ¿Con qué consciencia das a la vida?
- Vivir en la paradoja. La paradoja vive de los opuestos. En la paradoja desaparecen los conceptos y aparece lo inesperado.
- La paradoja es siempre integración. Su contrapunto es la contradicción, que es siempre estéril y destructiva.
- Vivir en la dualidad, la de las cosas bien hechas y mal hechas, implica dolor, sufrimiento, culpabilidad, en definitiva, pobreza y crisis permanente.
- La felicidad se sustenta precisamente en saber gestionar la paradoja, las opciones que aparecen totalmente contrapuestas. Es un estado de equilibrio emocional frente a los avatares de la vida.
- La pobreza es un estado mental donde conviertes al fracaso en un fin y no en una oportunidad.

CAPÍTULO V

LA CONCIENCIA DE RIQUEZA

> La consciencia de la riqueza es simplemente la expansión
> de tu consciencia y la percepción de las partes ricas dentro de tu
> ser. Por esa razón, todo lo que necesitas para aumentar tu cons-
> ciencia de la riqueza ya está dentro de ti.
>
> DAVID CAMERON GIKANDI

— SOMOS CONSCIENCIA —

> Creo que la consciencia es fundamental. Creo que todo
> asunto deriva de la consciencia. Todo lo que hablamos, todo
> lo que consideramos como existente, es dictado por la cons-
> ciencia.
>
> MAX PLANCK

Cuando hablamos de consciencia, de que todo es una manifestación
de esta, cabe preguntarse qué es la inconsciencia. La respuesta bien podría ser «una vida no humana,* programada y condicionada». Vivir en
la inconsciencia es pensar que tomamos decisiones libremente gracias
al libre albedrío, sin ser conscientes de que estas son respuestas condicionadas por la información que nuestro inconsciente almacena. La

---

* El ser humano dormido que vive como un «robotito» que cree en la buena o mala
suerte sin ser consciente de que vive su vida condicionada por sus programas inconscientes. Carl G. Jung nos dice que si no hacemos conscientes nuestros progra-
más inconscientes a esa programación le llamaremos vida.

mayoría de nuestras reacciones emocionales y nuestras decisiones conductuales son respuestas condicionadas por nuestra cultura, nuestras creencias, valores y programas heredados de nuestra familia, el llamado «inconsciente familiar».

Libre albedrío

Voy a seguir con el libre albedrío, porque se considera la expresión máxima de la libertad. Se puede llegar a morir por él, pues muchos piensan que sin él no vale la pena vivir.

Empecemos definiéndolo: «es la potestad que tiene el ser humano de obrar según considere y elija. Esto significa que las personas poseen naturalmente libertad para tomar sus propias decisiones, sin estar sujetas a presiones, necesidades o limitaciones, o a una predeterminación divina» (https://www.significados.com/libre-albedrio/).

Veamos y reflexionemos ahora sobre estas frases que la definen:

«Sin estar sujeto a presiones, necesidades o limitaciones, o a una predeterminación divina».

Pregunto: ¿tú puedes asegurarme al cien por cien que tus decisiones no están condicionadas por ninguna presión —por ejemplo, la crítica—, por ninguna necesidad —por ejemplo, de tu familia— o alguna decisión —por ejemplo, dejar un trabajo—?

«La potestad de obrar según considere y elija».

Pregunto o, mejor dicho, hago una reflexión: ¿estamos seguros de que nuestras decisiones y elecciones son realmente libres y no están condicionadas por nada? Como, por ejemplo, las creencias inoculadas en la infancia, los valores, la cultura, y qué decir de la información almacenada en nuestro inconsciente de generaciones pasadas.

¿Puedes encontrar realmente una acción que puedas llamar absolutamente tuya, libre de interconexiones? No, está claro que no.

Permite que haga un paréntesis y reflexione en este punto sobre las investigaciones que realizó el neurólogo Benjamín Libet, considerado un científico pionero en el campo de la consciencia. De alguna forma, los experimentos que llevó a cabo demuestran que la libertad de tomar decisiones no es tal libertad. Libet pidió a un grupo de personas que eligieran un momento al azar para hacer un movimiento con la mano. Todos estaban conectados con un electroencefalógrafo en el que se hacía un seguimiento detallado del llamado «potencial de preparación del cerebro». Naturalmente, las señales eléctricas preceden siempre a las acciones físicas, pero Libet quería saber si precedían también al sentimiento subjetivo de la intención de actuar. Se les pidió a los sujetos que actuaran cuando el segundero de un reloj pasara por un punto concreto, pero que lo hicieran cuando sintieran la intención inicial de mover la mano. Los experimentos demostraron, quizás sin mucha sorpresa, que había señales eléctricas medio segundo antes de la intención consciente. Otros experimentos realizados por el equipo de Libet demostraron que las señales eléctricas se producían diez segundos antes de que el sujeto levantara la mano.

Este y otros experimentos demostraron que el inconsciente toma sus decisiones antes de que uno sea consciente de ellas.

¿Qué conclusiones podemos sacar de estos experimentos?

El doctor Robert Lanza, en su libro *Biocentrismo* nos sugiere que lo que parece suceder «fuera» ocurre en realidad dentro de nuestra mente... No existe en realidad una desconexión entre lo externo y lo interno.[18]

Por mi parte pienso, siento y he experimentado que cabe la posibilidad, gracias al desarrollo del observador que contempla al observador confuso —el atrapado por todos los condicionamientos—, de llegar a un nivel de comprensión que nos permita tomar conciencia de que la decisión —quizá la única— que sí se puede tomar libremente es una: evitar todo juicio gracias a comprender que todo tiene su conexión. Lo único que en realidad podemos controlar son nuestros pensamientos. No podemos evitar que alboreen en nuestra mente, pero sí podemos elegir prestarles atención —darles un sentido, una fuerza— o sencillamente dejarlos allí, sin juzgarlos como buenos o malos.

Llegados a este punto, lo que llamamos «culpa», «pecado», «vergüenza», «orgullo», «arrogancia», «malicia» tienen un fundamento falso. Si no nos hacemos conscientes de las informaciones que se hallan en nuestro inconsciente, lo llamaremos destino, parafraseando a Carl G. Jung.

> La decisión que sí se puede tomar libremente es una:
> evitar todo juicio.

La señal de que no somos conscientes se acaba expresando en forma de sufrimiento

La persona inconsciente siempre cree que se sentirá mejor si el otro cambia. Siempre esperará que cambie el otro para sentirse bien y esto la paraliza, le impide tomar decisiones, la sumerge en la inconsciencia.

Como ya venimos explicando, el paso previo de un estado de inconsciencia al estado de consciencia requiere pasar por la comprensión y esta empieza cuando empezamos a cuestionarnos nuestras percepciones y no nos identificamos con ellas como si fueran verdad.

Todo sufrimiento es una llamada a la autoindagación. El dolor y el sufrimiento son llamadas de nuestro inconsciente. Este utiliza el cuerpo-mente para comunicarse. Nos invita a respirar profundamente e investigar nuestros pensamientos, que están alimentados por nuestras creencias. Nos invita a evitar todo juicio, a no huir de nuestras responsabilidades, a no caer en la trampa del ego de proyectar la culpa en los demás o en nosotros mismos.

Para mayor aclaración, veamos un ejemplo de lo que es tomar conciencia gracias a una nueva comprensión de una situación que se percibe de una manera y automáticamente esta cambia.

Ejemplo:

Una mujer me consulta que tiene miedo de perder a sus hijos, de que desaparezcan.

Hay que aclarar que esta mujer no sufrió ninguna experiencia previa para desarrollar este miedo. Por lo tanto, hay que indagar dónde se halla este miedo que, por descontado, está en su inconsciente, y hay que hacerlo con una mentalidad sin prejuicio alguno.

Vamos por partes, veamos los diferentes ambientes en los que ha vivido la mujer en cuestión.

Ambiente cuando era pequeña

Antes de que llegase su padre a casa, mamá se encerraba con sus hijas y bloqueaba la puerta de la habitación.

Vivía en un estrés constante de miedo a que a sus hijas les hicieran daño.

Vemos que esto ya viene de lejos y que la madre no tiene capacidad de reacción. Está en un bucle. Está atrapada o, al menos, es presa de una indefensión aprendida. Toma siempre la misma decisión que la lleva al mismo lugar y al mismo estrés.

Ambiente actual

Su marido le grita y la insulta sin motivo alguno. Este miedo se le activa con su primer hijo. En la actualidad grita a su hijo de catorce años.

Vemos que todo sigue igual. Sus decisiones no existen, salvo hacer siempre lo mismo.

Indaguemos ahora dónde se halla esta información que, por supuesto, es inconsciente.

Repite la historia de su madre y su parálisis está en que tiene que proteger a sus hijos. Su madre vive escenas de terror, con un marido maltratador, borracho. Su inconsciente —de la consultante— lleva la información de parálisis frente a situaciones afines. Su hermana es la complementaria de ella y lo muestra cuando le dice cosas como: «Yo no lo aguanto ni un minuto».

Hago un breve paréntesis a modo de reflexión.

El doctor Mario Alonso Puig, en su libro *Reinventarse*, al hablar de la zona de confort hizo una pregunta a una abogada experta en malos tratos, que seguro que tú también te has planteado:

¿Por qué vuelven estas mujeres a su casa si saben que van a ser maltratadas?

La respuesta fue: «Ellas vuelven porque el mundo de fuera les da mucho miedo y saben, en cierta medida, lo que les puede pasar en este».

Pienso igual que el doctor Alonso: hay otros factores, como en los casos que estudiamos relacionados con la repetición de informaciones inconscientes heredadas. Hay un momento en la vida en que hemos de romper el cascarón que hemos construido a nuestro alrededor, esa muñeca rusa de la que ya hemos hablado, abrirnos a lo desconocido y evolucionar.

Es importante destacar, para comprenderlo mejor, que los ambientes vividos en nuestra infancia condicionan en gran manera nuestras decisiones de adulto. Cuando tomamos conciencia, y también cuando observamos a nuestro alrededor, como en el caso que acabo de plantear —el de la hermana que adopta una postura diametralmente opuesta—, abrimos la mente y liberamos el trauma.

El obstáculo que impide tomar conciencia se sustenta en la creencia en el «hacer», en creer que tenemos que arreglar las cosas, en resistirse a lo evidente y querer que las cosas sean como a uno le gustaría que fueran. En realidad, las cosas deben comprenderse. Si las comprendes, cambian o, dicho de otra manera, las ves diferentes, ya que el cambio está en ti.

Cuando tomamos conciencia de algo, desactivamos un automatismo y ello nos permite tomar una nueva elección en la vida. En esta situación se manifiesta el tan cacareado «libre albedrío», tomar una decisión con plena conciencia de que llevas una información y que la trasciendes al llevarla a la práctica sin culpabilidad en ninguno de los sentidos.

Esta toma de conciencia se consigue gracias a sentir que «comprensión» equivale a saber que las cosas no son buenas o malas, son perfectas. Son oportunidades para trascender y elevar la consciencia.

> No podemos cambiar nada sin antes comprender. La condena no libera, oprime.
>
> CARL G. JUNG

— ABRIENDO EL CAMINO —

> Me llamas loco sencillamente porque mi realidad es diferente a la tuya.
>
> *Alicia en el País de las Maravillas*

Recordemos que hay mucha gente que persigue la felicidad mientras otros la crean. La respuesta está en relación directa con el estado de vibración de nuestra conciencia. Los primeros, los que persiguen la felicidad, están en la carencia. Los segundos, los que crean la felicidad, están en la abundancia.

La riqueza, la abundancia siempre está presente, lo que ocurre es que tú puedes no estar abierto a ella. La conciencia de riqueza es estar abierto a ver a tu alrededor que esta está manifestándose. La consciencia de riqueza es un estado de ser. Es vivir la experiencia de que las personas que te rodean en tus proyectos se sientan abundantes y tú seas capaz de proporcionarles bienestar. Una persona sin conciencia de riqueza será pobre, aunque tenga millones de dólares en sus cuentas bancarias. La conciencia de riqueza proporciona riqueza y no hay mayor riqueza que ayudar a las personas a liberar sus mentes de las cadenas —creencias— de carencia, de pobreza, de limitaciones. Una persona con consciencia de riqueza puede quedarse sin dinero, sin recursos o vivir un divorcio sin acuerdos, pero volverá a salir a flote. No tiene miedo de esas circunstancias.

¿Quién eres tú?

Hay estudios que muestran que muchas personas que ganan un millón de dólares en la lotería terminan financieramente peor que antes de ganarla. Pierden todo el dinero en un período asombrosamente corto y llegan a una situación peor que la inicial debido a las nuevas deudas y obligaciones que acumulan.

Si tienes conciencia de riqueza, quizá atravieses momentos de apuros y de falta de recursos, pero será transitorio; es una experiencia necesaria para reactivar tu estado esencial de conciencia de riqueza.

Yo siempre digo: si volviera a empezar, estoy seguro de que volvería a mi estado de abundancia. Sé perfectamente que la abundancia o la riqueza, en todos los ámbitos de la vida, vive en mí. No tengo miedo a la pobreza porque sé que no es real. La riqueza o abundancia no es tener muchas cosas o mucho dinero en el banco. Como dice un refrán popular: «No es más rico el que más tiene, sino el que menos necesita». Yo he vivido situaciones muy duras, de no tener absolutamente nada, pero siempre he albergado la certeza de que superaría estas situaciones y saldría más fortalecido de ellas. La historia está repleta de ejemplos de personas que, viviendo en la absoluta miseria, se han convertido en faros de luz para aquellos que andan perdidos en sus miasmas mentales.

Richard Branson, fundador de la empresa Virgin, es un ejemplo muy claro de esto. Muestra pasión en todo lo que hace, evita la crítica y, sobre todo, lleva a cabo numerosas acciones de filantropía a través de las que ayuda a la comunidad y procura que sus empleados se sientan felices.

¿Quieres desarrollar tu conciencia de riqueza? La decisión es muy simple, pero tiene que estar revestida de emoción y sentimiento, sin limitarse a acciones conductuales. Hay que crear un hábito que te permita despertar. Decide ser consciente de que tú tienes la capacidad y la decisión de desarrollar la manera de ver y vivir cada situación; aquí reside la clave de tu desarrollo personal. Para tomar esta decisión, como ya he explicado anteriormente, debes soltar todo juicio, aquietar tu mente sabiendo que tus decisiones están condicionadas.

Me preguntarás: ¿Qué es despertar? ¿Qué debo entender por despertar?

Voy a darte una respuesta y es muy posible que no te guste y que te resistas a ella.

Es imposible tener plena conciencia de lo que llamas «yo». Aquí se sustenta el fundamento mismo de la comprensión, y es que tú no eres.

Por todo lo dicho, no pienses que quiero que te vuelvas loco y te muevas sin sentido en la vida que estás viviendo. Sí que puedo mostrarte un requisito de lo que es despertar: consiste en mantener una mente alerta que preste atención a los pensamientos, sentimientos, emociones y, sobre todo a la palabra, a cómo los expresa; una mente que está alerta, que sea consciente de la importancia de los pensamientos, muchos de los cuales están sustentados en la creencia en la separación, en el hacer más que en el ser.

Te preguntarás si yo he despertado. Lo que sí sé es que yo he tenido experiencias de lo que es despertar, pero no me considero un ser despierto en el sentido absoluto de la palabra. Llevo muchos años desarrollando al observador que hay en mí, observando al observador que creo que soy. Es un trabajo de deshacer, de desaprender, como vengo explicando a través de experiencias propias en mis libros y a lo largo de estos últimos años en mis conferencias.

Por eso recibe el nombre de «rendición al despertar». La rendición, que es clave para desarrollar una conciencia de abundancia, implica aquietar la mente y soltar el nivel secundario del pensamiento: las opiniones, los juicios, los comentarios, los posicionamientos. La rendición es dejar de «empujar» creyendo que sabes lo que es mejor para ti o para los demás. La rendición es «saber que no sabes»; este estado te llevará a otro nivel de escucha. Lo desarrollaré más adelante.

La rendición y la comprensión son, en definitiva, lo mismo, porque se comprende que no hay tal cosa como mía o tuya.

Veamos otra paradoja de lo explicado hasta aquí en relación a un proverbio zen, el cual lleva a la mente a un estado de no comprensión, como si hubiera carencia de significado. El objetivo es que la mente se quede en silencio, y este provoca la apertura de la mente a otra forma de ver las cosas de la cual uno no es consciente. Esto es precisamente lo que pretendo con este libro. Llevar la mente del lector a otro estado de apertura mental:

Si comprendes, las cosas son como son.
Si no comprendes, las cosas son como son.

Proverbio zen

Las cosas son como son y casi siempre van más allá de nuestra comprensión. Para mí esta comprensión no tiene límite, pues lo contenido no puede llegar a la comprensión plena del continente, solo intuirlo.

La fuente

La fuente de toda la creación es un campo de infinitas posibilidades y creatividad. Nuestro yo verdadero es uno con la fuente, a imagen y semejanza de ella. Cuando somos conscientes de eso y creemos que es así, nos conectamos con este campo de infinitas posibilidades y con nuestras habilidades creativas inherentes.

Helen Schucman, en *Un curso de milagros,* nos recuerda que en el universo solo existe la abundancia, tanto para las cosas vanas como para las cosas santas; dicho de otro modo: si tú te consideras inútil, no te valoras y te desprecias, el universo te enviará situaciones —en abundancia— una y otra vez para vivir la experiencia en la que tú crees. Nunca olvides que tus creencias adquieren forma en lo que tú llamas tu vida.

«Lo que tú crees, creas».

¿Qué es la abundancia? ¿Qué es la riqueza?

Cuando hablamos de abundancia nos referimos a todas las dimensiones del ser humano: salud física y mental, creatividad, capacidad económica, consecución de una vocación, relaciones de pareja, crecimiento espiritual, etc.

Tus creencias adquieren forma en lo que tú llamas tu vida.

La riqueza es sinónimo de éxito y este es la capacidad de manifestar y producir algo en el mundo. Una persona es rica cuando hace posible que mucha gente se gane la vida y tenga un nivel de bienestar económico, mental y espiritual.

Lo que tú crees, creas.

La pobreza es una mentalidad que nos incita a guardar por miedo a lo que pueda pasar. Una mente que viva en la riqueza invertirá, producirá y llevará a cabo proyectos en momentos de crisis. Una conciencia de riqueza busca soluciones, sabe escuchar, no se precipita. Es una mente que vive en la certeza de que la abundancia siempre está presente y de que las crisis son oportunidades de cambio, de flexibilidad mental, de abrirse a otros paradigmas; en definitiva, de desarrollar la capacidad de reinventarse.

Ejemplo

Veamos un ejemplo de mentalidad de pobreza que vivió un amigo nuestro. Tenía un taller mecánico, donde trabajaba un joven con gran capacidad de trabajo y muy bueno en todo lo que tenía que ver con la mecánica. Nuestro amigo decidió un día cambiar su rumbo de vida, le ofreció su taller a este mecánico y le dio todas las facilidades. Este dijo que no, aduciendo que tenía miedo de que las cosas le fueran mal. Evidentemente, él no confiaba en sí mismo, aquí está la semilla más importante de la pobreza.

Nuestro amigo vendió el taller a otra persona que no sabía mucho de mecánica y le dijo que el encargado del taller era muy bueno. El taller tuvo que cerrar al cabo de poco tiempo por dos razones clave:

- La primera, el encargado no tomaba iniciativas, solo sabía recibir órdenes.
- La segunda, el propietario no entendía mucho de mecánica y le había dejado la iniciativa al encargado.

A nuestro amigo le fue muy bien y le sigue yendo bien a pesar de todas las crisis. Nunca le ha faltado trabajo, siempre tiene soluciones a cualquier problema, cree profundamente en él y por eso, entre otras cosas, somos amigos y le confío cualquier cosa que tengamos que hacer.

Puedes plantearte, y seguro que lo haces, la siguiente reflexión: muy bien, todo tiene que ver con mi conciencia de riqueza o de pobreza, pero también existe una conciencia colectiva que me afecta a mí. Podrías preguntarme cómo conviven las dos conciencias.

La consciencia colectiva influye mucho en tu propia riqueza y felicidad. Tú eres el que crea muchos de los eventos de tu vida, pero algunos, sobre todo los grandes sucesos, te ocurren por los pensamientos y la conciencia de las personas que hay a tu alrededor, en tu sociedad y en tu mundo.

En realidad no estás solo, no estás separado de los demás. Tú, como partícula de consciencia, le importas al todo, y a ti te debe importar saber que perteneces a este todo. Pero quiero que te quede algo muy claro: nadie puede impedirte que seas feliz y abundante. Sabemos y hemos vivido que las crisis nunca afectan a todos por igual. Mis mayores éxitos han surgido en los momentos de mayor crisis. Sigue siendo actualmente así y quiero mostrarte el «secreto».

El campo de consciencia universal, del cual todos formamos parte, manifiesta en nuestra vida situaciones y experiencias que muchas veces no alcanzamos a comprender, hasta que pasado un tiempo nos damos cuenta de que lo que hemos vivido y no hemos comprendido ahora tiene un propósito claro. El campo de consciencia no vive en un pasado o en un futuro, todo es aquí y ahora como probabilidades. Como nosotros vivimos con una consciencia dual, manifestada en forma de espacio/tiempo, los acontecimientos se manifiestan bajo nuestro paradigma, nuestra forma de ver y entender la vida.

Dicho de otra manera: vivirás experiencias previas que te afectarán en gran manera, y cada una de ellas será una oportunidad para manifestar tu estado o nivel de vibración de conciencia, circunstancia que, a su vez, creará nuevas realidades. Estamos fabricando nuestro destino de manera inconsciente, estamos dormidos creyendo que pueden ocurrirnos cosas por buena o mala suerte.

Te invito a pensar y a sentir viendo cómo tu conciencia se expande a través de tu mente y que esta, usando tu cuerpo como herramienta, actúa en el mundo beneficiando a todo aquel que esté dispuesto a cambiar su conciencia gracias a la vibración que estás manifestando, siempre teniendo presente que el mundo es una pantalla que muestra nuestro nivel de vibración individual y colectivo. Si la película no nos gusta, hemos de cambiar el guion y reescribirlo.

Lo cierto es que el todo afecta a la parte y esta, a su vez, afecta al todo. El mayor regalo que se le puede hacer al mundo es mostrarle que las situaciones y experiencias que vivimos son los efectos de una causa que está en nosotros. ¿Queremos cambiar los efectos? El primer cambio está en nosotros mismos y, por extensión, afectará a todos los demás. Teniendo siempre presente que estos cambios manifestarán las polaridades, habrá personas que abrirán la mente y otras la cerrarán aún más. Estas últimas están atrapadas en los determinismos —según ellas todo tiene una causa que está fuera—, y en lo acausal —*symplokê*—, en lo que nada tiene que ver con nada. Dicho de otra manera, viven la vida creyendo que las situaciones en las que están inmersas no tienen nada que ver con ellas. La creencia en la buena o mala suerte. No son conscientes —o no lo quieren ser, siempre es una opción— de que somos energía, información, que vibramos y resonamos en el campo de consciencia universal o campo.

La consciencia universal
no nos premia
no nos castiga
manifiesta nuestro estado
de conciencia en todo momento.

Bueno, pensarán, y quizá —casi seguro— les surja una duda o, mejor dicho, una preocupación. Si mi realidad, la que vivo en la actualidad, es un efecto de un estado de conciencia que viví en lo que llamamos pasado y mi presente sería el futuro de este pasado, ¿puedo cambiar esta inercia? ¿Puedo acceder a este momento que llamo pasado, que mi conciencia siempre ve como presente y probabilidad manifestada? Dicho de otra manera, ¿puedo reescribir mis emociones y sentimientos vividos?

La respuesta es tajante: sí. Ya lo he explicado con el experimento de la intención y la influencia retroactiva. Queda claro que, si nuestra conciencia se cree separada, vive una realidad correspondiente. No puede acceder al pasado. Pero no olvidemos que nuestro pasado siempre está presente, lo recordemos o no. Si está presente y de alguna forma se manifiesta de determinadas maneras, yo puedo acceder emocionalmente a estas experiencias vividas y reinterpretarlas cambiando sus efectos en lo que yo llamaré «futuro inmediato».

Nuestra mente dual vive la linealidad. Nuestra conciencia vive en una especie de círculo donde tiene la posibilidad de que el observador, que somos nosotros, se salga de esta linealidad y se posicione en el centro. Desde este centro, todo, absolutamente todo, es presente y se manifestará en nuestra vida gracias a la fuerza mental de la atención.

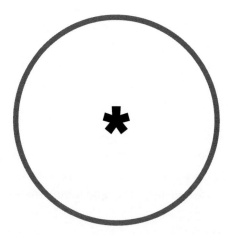

- Si nuestra conciencia se mueve por la periferia, percibimos el tiempo lineal.
- Si nuestra conciencia (dual) va al centro, o sea, que se convierte en observadora de todo lo que ocurre en su vida, y gracias a su expansión deja que la Consciencia (unidad) se manifieste en nuestra mente, entonces podemos prestar atención a cualquier punto y para ella es siempre presente. Se trata de convertirte en observador del observador confuso, el que está en la circunferencia. Esta disociación mental, que enseñamos en nuestro método de la Bioneuroemoción, nos permite ver nuestra vida en un «ahora».

Explicaré lo dicho anteriormente con una analogía. Tomemos un disco de vinilo, podemos ver una multitud de surcos, los cuales manifiestan una información, que en este caso es música. Moviéndote en el surco percibes un tiempo lineal. Si vas al centro, ves todos los surcos, toda la música, en un «ahora». Desde este centro no hay tiempo.

El psicólogo William Braud nos habla del «momento semilla» y se hace las siguientes preguntas:

- ¿Es posible reescribir nuestra propia reacción emocional ante un acontecimiento?
- ¿Cuánto del pasado podemos cambiar en el mundo concreto que llamamos real?

Desarrolla el concepto «momento semilla», que recoge el impacto emocional lleno de estrés previo a un acontecimiento que se convierte en manifestado. Los momentos semilla resuenan en todas nuestras experiencias.

La propuesta es sencilla y difícil a la vez, pues se trata de hacer un viaje mental a este momento de impacto —semilla—, que más adelante se manifiesta en forma de experiencias y trasciende la información.

Este cambio de información podrá llevarse a cabo si antes uno cambia sus percepciones gracias a la plena comprensión de que lo que se ve siempre está sujeto a interpretaciones. Podemos ver cualquier situación de dos maneras: con la conciencia de que todo está relacionado o de que todo está separado. Esta es nuestra elección y para que el cambio de información surta efecto uno tiene que hacerlo con un estado emocional totalmente diferente al que vivió. No olvidemos que somos «observadores» de nuestro mundo. Para poner en funcionamiento este cambio emocional hay que llevar nuestra mente a un estado en el que pueda tener una nueva comprensión de la situación, una inversión de pensamiento en la que se reconoce que la causa es uno mismo. Ya hemos hablado del efecto de comprender y de entender. El primero ensancha la conciencia de manera que podemos abrirnos a otras posibilidades. Estaremos reescribiendo nuestra vida. Entender no significa cambiar, seguiremos en el bucle.

Tomémonos un tiempo para la reflexión.

Cada uno elige con qué conciencia quiere vivir y ello determinará su realidad.

- La llamada «realidad» es cambio.
- Lo real es inmutable. El campo, que es lo único que es real, lo contiene todo como posibilidad.

Quédense con la analogía del disco de vinilo. Vivimos en la periferia, pero podemos poner nuestra conciencia en ella o en el centro. Es nuestra elección.

> Si cambiamos nuestro ambiente emocional, podemos reescribir nuestra propia historia.
>
> Dra. NATALIE ZANMATTEO

> La regla psicológica dice que cuando una situación no se lleva a la consciencia, ocurre afuera como destino. Esto es, cuando un individuo permanece dividido y no se vuelve consciente de sus propias contradicciones, el mundo, por fuerza, interviene en el conflicto y es desgarrado en mitades opuestas.
>
> CARL G. JUNG

— EL PODER DE LA IMAGINACIÓN —

Albert Einstein nos decía que la imaginación es la fuerza más poderosa y Napoleón Hill nos aseguraba que la imaginación es la fuerza que nos transporta a lugares donde nunca hemos estado. La imaginación es la más maravillosa, milagrosa e inconcebiblemente poderosa fuerza que el mundo haya conocido.

La imaginación es la fuerza más poderosa porque en la vida la usas para saber qué es lo que tienes que crear a continuación. La mayor parte de las personas pasan muy poco tiempo imaginando. Imaginan usando pensamientos ociosos, al azar, y después se preguntan por qué su vida no es rica. La imaginación tiene el poder de construir o destruir tu vida. Es tu mente y tu elección.

Tu estado de riqueza externa es una expresión materializada de tu riqueza interior. Como vengo diciendo, es la expresión de tu conciencia, de vivir con la certeza de que todo está interconectado y de que tus pensamientos son una de las claves de tu estado de abundancia.

Evita rodearte de personas con pensamientos que se alimentan de derechos, de lamentaciones, de quejas y de críticas de toda clase. Evita ver imágenes que contaminen tu mente. No permitas que tu mente viva en la insatisfacción, ni aunque en este momento te sientas insatisfecho. Si vives en la insatisfacción, lo único que logras es mantener las condiciones de insatisfacción. Cambia tu actitud, mira esas circunstancias como desenlaces perfectos de tu pensamiento en el pasado y una oportunidad para volver a crear lo nuevo. Agradéceles este regalo.

Si te mueves siempre en los mismos conceptos, estarás repitiendo las mismas situaciones una y otra vez. No estás creando nada, pues estás funcionando con un material que no cambia; en este caso, tus experiencias, tu cultura, tu educación y, sobre todo, tus observaciones. Con esta actitud cerrada tu creatividad es muy limitada.

Tu estado de riqueza externa
es una expresión materializada de tu riqueza interior.

Todos tenemos una capacidad ilimitada de imaginación, a algunos se les llama visionarios y a otros se les tilda de soñadores. Estos son los que han cambiado el mundo, pues las innovaciones surgen de mentes que emplean la imaginación a otro nivel. Su mente consciente está conectada al campo de la consciencia. Esta conexión ocurre cuando nuestra mente va muy rápida, al estar activada por un «deseo ardiente».

Yo mismo he experimentado varios deseos ardientes y voy a destacar dos de ellos. El primero surgió en busca de una comprensión de lo que se ha dado en llamar «espiritualidad» y me llevó a muchas experiencias, algunas de ellas pueden calificarse de extraordinarias, como por ejemplo tener sueños considerados revelaciones, que al seguirlos me han llevado hasta donde estoy ahora. He conocido a seres «extraordinarios», he visto y experimentado otras realidades y he comprendido que nada está separado de nada. Hay un entramado cósmico, unos «hilos» que conforman una red de información compuesta de una infinidad de vibraciones. Esta red sostiene lo que nosotros llamamos «mundo material». Hay un orden implícito en todo, que al manifestarse en lo que consideramos «mundo real» crea el desorden, el mundo paradójico en el que las mentes se mueven y se relacionan con experiencias que vibran con cada nivel de frecuencia. Aquí la imaginación se expresa y cobra sentido. Sin imaginación, no habría nada en este mundo. Cuidar los pensamientos, sobre todo cuidar a qué estamos prestando atención, es uno de los objetivos de este libro.

El otro deseo ardiente fue llevar al mundo la experiencia Advaita —la no-dualidad—, y para conseguirlo tuve que vivirla más profundamente. Esta revelación me llevó a desear recibir esta enseñanza y fui correspondido. Apareció en mi vida, fue un regalo que vino de Venezuela en el año 93-94 en forma de libro: *Un curso de milagros*. Sus enseñanzas no duales llenaron mi alma aplicando un principio: «si quieres aprender algo, enséñalo». A los pocos años, apareció otro deseo: llevar estas enseñanzas al nivel más terrenal posible. Con ello surgió el método de la Bioneuroemoción, cuya aplicación práctica es la inversión de pensamiento. Llegado a este punto, apareció otro deseo ardiente: llevar esta información —formación— a todo el mundo. Empecé a mover los hilos en un campo que me era totalmente desconocido: el mundo *on-line*.

> Cuidar los pensamientos, sobre todo cuidar
> a qué estamos prestando atención,
> es uno de los objetivos de este libro.

Cuando hice la propuesta a mis colaboradores, casi todos ponían problemas, dificultades y frases como «esto es imposible». Estoy hablando de hace unos quince años. Yo insistí en la idea hasta que al final alguien aceptó llevar a cabo mi deseo: mi hijo David. Mucha gente prefería los actos presenciales —estamos en nuestra zona de confort— hasta que una pandemia nos vapuleó y nos llevó al mundo digital. Nosotros ya estábamos más que preparados, los últimos cinco años han sido claves para desarrollar la experiencia que tenemos ahora. La gente ha descubierto las bondades de la formación *on-line*; la interacción es brutal y la formación cumplió mi deseo ardiente: recibí la noticia de que teníamos un alumno en la Antártida.

En conclusión: el individuo nunca es el hacedor, es la consciencia la que lleva a cabo todas las acciones en el universo a través de apertura de conciencias que viven en el no-juicio y también a través de conciencias que se creen separadas. Cada una de estas conciencias vive en un universo paralelo, sin entrecruzarse con otras, igual que no se entrecruzan las frecuencias de nuestros teléfonos móviles. Tu realidad la creas tú según tu conciencia.

> Aquello que lo impregna todo, que nada lo trasciende y que, al igual que el espacio universal que nos rodea, lo llena todo por completo, por dentro y por fuera, ese Brahman Supremo y no dual, ese eres tú.
>
> Sankaracharya

Tu realidad la creas tú según tu conciencia.

Ejercicio

Vamos a hacer un ejercicio para que nuestra imaginación se ponga en forma. La propuesta es muy simple: «¿Qué haría si ahora mismo le ofrecieran un millón de dólares o de euros, como usted quiera? ¡Ah! Sin intereses ni necesidad de devolverlo. Están a su entera disposición.

Atención: preste atención a todas las ideas que pueden brotar en su mente. Obsérvelas, no se precipite en tomar decisiones. El Campo lo está escuchando; de hecho, nunca deja de hacerlo, sencillamente porque él es no-tiempo.

Quédese en silencio, aquiete el murmullo de su mente, deje que la inspiración entre en su conciencia y le ponga la semilla de una idea de la que usted será el jardinero y le dará vida, manifestación en este mundo llamado dual. No tenga prisa; tal vez se le presente en el momento en el que usted está despertando. Imprégnela del líquido maravilloso que la hará crecer: el deseo ardiente. Entonces, entréguesela al Campo y siga con su vida, prestando atención a todos los detalles. La respuesta llegará, quizá en forma de infortunio, de una mala noticia, de algo inesperado. La consciencia estará impulsándolo para que se salga de su zona de confort... ¡Empieza el viaje! No voy a desearle suerte, esta no existe como tal; voy a desearle que siempre tenga presente que hay que mantenerse alerta sobre qué sostenemos en la mente.

La conciencia de abundancia y todas sus actividades son un estilo de vida, no algo que se hace ocasionalmente. Tus pensamientos, tu forma de vivir y metas siempre tendrán que estar en la versión más grande de ti mismo, no en la versión pasada, la del miedo a la carencia y a la falta.

Un día iba con mi esposa hacia Barcelona. Nos detuvimos en un semáforo en el que había un joven haciendo malabarismos. Le dije: «¿Quieres que Dios nos bendiga?». Mi mujer puso cara de, «¡qué me dices!».

Cuando el joven llegó a mi altura, abrí la ventanilla y le di cinco euros. La cara del joven era para hacerle una fotografía... Al cogerlos me dijo, con una gran sonrisa, «¡¡¡Que Dios les bendiga!!!». Mi mujer también me sonrió y me acarició la mano. Le dije: «No nos ha salido tan caro, ¿verdad?». Y di las gracias. No se trata de dar por recibir, porque sé perfectamente que siempre estamos recibiendo. Lo hice como un juego, el juego de estar presente. Además, el joven no pedía sin más, nos proporcionaba una distracción.

La conciencia de riqueza en todos los ámbitos de tu vida es un estado de conciencia como vengo y seguiré repitiendo en este libro. La repetición es clave para instaurar un hábito, y más si hay que hacerlo en la mente.

— LA MENTE —

El hinduismo en una de sus ramas se desarrolla mediante la experiencia Advaita, considerada el sendero a través de la mente. Advaita —literalmente «no dualidad»— es una rama del hinduismo que afirma la unidad entre las almas (*atman*) y la divinidad (*brahman*). Dicho de otra manera, todas las almas son Dios. Se le llama el sendero de la mente porque hay que hacer un clic para apagarla, y ello se consigue gracias a la observación de esta y a tomar conciencia de que uno no es mente, sino que tiene una mente, de modo que no te identificas con sus contenidos duales o de separación. Requiere cierta capacidad de concentración —un estado de alerta— que canaliza su energía a través del pensamiento más que del sentimiento.

Cuando observamos la mente, esta parece una máquina de palabras y de pensamientos, un continuo de ideas, conceptos, dudas, miedos. Pueden aparecer trozos de música que no te quitas de la cabeza, todo es un sinsentido.

Lo que está claro es que tú no eres tu mente. También está claro que muchas personas se identifican con los contenidos de su mente hasta tal punto que los convierten en suyos, en su identidad. Este es el peligro más evidente, pues nos lleva al sujeto/objeto, de lleno a la dualidad.

Una noche me desperté a las 3 de la mañana. Mi mente estaba muy despejada, teniendo en cuenta la hora que era. De repente empezó un desfile de imágenes; era plenamente consciente de que yo no estaba dándoles vida. Mi mente me mostró un recorrido que, ante mi asombro, detallaba prácticamente todos los aspectos relevantes de mi vida. Lo más asombroso para mí es que yo era un observador de todo lo que mi pantalla mental me mostraba. Debido a que llevo ejercitando la observación sin juicio bastante tiempo (hablo de años), veía las imágenes como si estuviera viendo un documental de mi vida. No había emoción alguna, observaba sin identificarme, veía cómo una cosa llevaba a la otra. La experiencia duró casi dos horas. De repente se paró y volví a dormirme. Al despertarme me dije: «Yo no soy eso». Cada imagen estaba cargada de una información en estrecha relación con la conciencia con la que la viví en aquel «ahora».

Buda decía que el verdadero yo se vislumbra en el espacio que queda entre los pensamientos; sin embargo, las actividades de la mente parecen no cesar en ningún momento. Cuando terminó la experiencia descrita anteriormente, comprendí estas palabras de Buda. Era mi yo el que estaba observado, el que está plenamente conectado al campo de consciencia. Entonces tomé una decisión: perdonarme, pues no hay nadie a quien perdonar. No hay sujeto/objeto, todo está relacionado. Experimenté paz, fue una experiencia. Esto es Advaita.

Con la observación, uno puede detectar que no hay ningún yo pensando los pensamientos. El Yo real tiene incluso dificultad para introducir en este maremagno de ideas algunas palabras o pensamientos sensatos; cuando lo consigue lo llamamos «concentración».

Cuando te enfocas en un tema, por ejemplo, lo que estoy escribiendo, surgen ideas que no están en mi mente. A esta experiencia se le llama «pensamiento creativo», el de la inspiración. Estar inspirado es estar al margen del parloteo; entonces, el yo puede escuchar el campo de consciencia. También se le llama estar conectado.

La mente no tiene la facultad de discernir la verdad de la falsedad. No es más que un tablero de juego.

DAVID R. HAWKINS, *El ojo del yo*

El sendero de la mente —Advaita— es, en realidad, el sendero de la no-mente. Más allá de los contenidos de la mente, hay un espacio en el que se encuentran las ideas que generan pensamientos y las que todavía están en forma de información, vibración u ondas. Cuando nuestras ideas se manifiestan en nuestro mundo dual, son las partículas —materia— de la información que estaba en forma de onda. Es la paradoja «Onda y partícula» que tan de cabeza llevó a muchos científicos, entre ellos a Einstein. Por eso llegó a decir que nosotros no podemos cambiar el mundo que vemos, pero si cambiamos solo un pensamiento sobre él, cambiará nuestro universo.

Para anular el dominio de los contenidos mentales es necesario eliminar la ilusión de que los pensamientos son algo personal, que son valiosos y que pertenecen al yo o se originan en él.

Mi experiencia me demostró que, al presenciar u observar, uno no se centra en una idea o imagen, sino que deja que estas fluyan sin implicarse en ellas. Somos plenamente conscientes de que los pensamientos no son algo que uno decida, sino que la corriente de pensamientos es impersonal.

Los pensamientos son el resultado de combinaciones y permutaciones de programas ideales y personales que forman parte de un tablero de juego. El yo es el que decide jugar y, si lo hace, lo hace con plena conciencia de que él no es aquello a lo que juega.

Para anular el dominio de los contenidos mentales
es necesario eliminar la ilusión de que los pensamientos
son algo personal, que son valiosos y que pertenecen al yo
o se originan en él.

Uno se da cuenta de que el contenido de la mente es *forma* y que, por lo tanto, tiene que haber un «fondo» para expresarse. Uno solo puede escuchar un sonido sobre un fondo de silencio. La consciencia —el campo— es este fondo de silencio. El fondo de la mente es el campo de consciencia, que es un campo de energía potencial. Cuando el Yo no se identifica con el yo (que vive en la dualidad), entonces puede observar el campo y abre la posibilidad de que se manifiesten nuevas ideas, a las que se denomina «inspiraciones», y al hecho en sí, «estar en espíritu».

Pregunta por qué se hace este yo (dual): ¿cuál es el motivo, la intención de la mente para generar este baile de pensamientos?

Antes que nada, debemos tener presente que sembramos en la mente un «pensamiento original»: la separación. Todo empezó como un juego. Cuando el Yo se identificó con este yo, surgió la ilusión. Empezó la fragmentación hasta convertirse en una locura donde no se escuchaba al Yo. El sendero Advaita, como ya se ha dicho, es el sendero de la indagación a través de la mente. La mente es un *software* que acumula información para que este Yo la utilice, pero este ha sido sustituido por un yo menor, individual y con un ego que lo sustenta. El Yo es una partícula de conciencia que habita en un mar de Consciencia, lleno de yoes inconscientes.

Contesto ahora a la pregunta. La mente está en un parloteo incesante, pues se encuentra dominada por este ego cuya afición es opinar, juzgar, posicionarse, no callar nunca, pues, para él, el silencio es la muerte. Muchas personas ahogan este ruido mental con la música o con conversaciones que no van a ninguna parte.

Todas las mentes opinan, aunque no tengan ni idea ni sepan nada en absoluto de aquello sobre lo que opinan. Las mentes dominantes utilizan esta característica para crear corrientes de opinión y, de esta manera, catalizar la energía de millones de mentes, haciéndolas trabajar para sus propios intereses.

Para terminar, recuerden: no se puede sostener una opinión y, al mismo instante, trascender los opuestos. Para superar las opiniones hace falta una gran humildad. Tú puedes tener opiniones, pero todas son falsas.

· RECORDEMOS ·

- Nuestro estado de conciencia es fundamental. Hay que aprender a abrirse a otras realidades.
- La señal de que no somos conscientes se acaba expresando en forma de sufrimiento, pues queremos cambiar la causa que creemos que está fuera.
- Consciencia es conciencia, cualquier definición te aparta de ella. Es una experiencia única.
- ¿Creas o persigues la felicidad? ¿Quién eres tú?
- La riqueza es sinónimo de éxito y este es la capacidad de manifestar y producir algo en el mundo.
- Tú, como partícula de consciencia, le importas al todo, y a tu yo le debe importar saber que perteneces a este todo.
- Nadie puede impedirte que seas feliz y abundante.
- ¿Es posible reescribir nuestra propia reacción emocional ante un acontecimiento? La respuesta es tajante: sí.
- Los momentos semilla resuenan en todas nuestras experiencias.
- Tú no eres tu mente. Esta se encuentra llena de contenidos obtenidos de tus experiencias, gracias a la identificación de una entidad a la que llamas yo.
- El fondo, la mente, es la consciencia; ella te mostrará nuevas ideas si tomas plena conciencia de que tú no eres el pensador.
- Tus opiniones hablan de ti y de tu programación. Tú eres algo más grandioso.

CAPÍTULO VI

UNA VEZ MÁS, ERES OBSERVADOR

En un principio, solo había probabilidades. El universo solo podía acceder a la existencia si alguien lo observaba. No importa que los observadores aparecieran miles de millones de años más tarde. El universo existe porque tenemos conciencia de él.

MARTIN REES, Universidad de Cambridge

Cuando hablo del observador, lo hago en un contexto de totalidad. No me refiero a observar todo lo que me rodea, que sí es un tipo de observación, pero no la más importante. Me refiero a la observación de nuestra mente, de los pensamientos a los que prestamos atención, de las historias que nos contamos para mantener nuestra «verdad» y a cómo todo ello se manifiesta en una forma de ver —interpretar— el mundo que vemos y también cómo lo verbalizamos. Propongo en este capítulo prestar atención a nuestros pensamientos y a nuestras palabras, hacernos conscientes de que de alguna forma estamos creando nuestra realidad.

Es muy importante observar nuestros miedos y aprender a orar para recuperar nuestro equilibrio interior y empezar a «ver» con otros ojos. Entendiendo por «orar» una sensación de plenitud y no de petición.

Está escrito y pienso que muy mal interpretado:

Así que, si tu ojo derecho es para ti ocasión de pecado, sácatelo y arrójalo lejos de ti...

MATEO, 5:27-30

No se trata de tu ojo físico, pues este no ve, solo transmite la información que cada uno interpreta. San Mateo nos habla más bien de «arrancar» nuestros pensamientos, vigilarlos y transformar nuestras observaciones.

> Observa tus pensamientos. Piensa en las cosas que piensas. Tú no eres el pensador, lo que tú llamas «tus pensamientos» son acúmulos de experiencias e informaciones depositadas en tu mente. Tus pensamientos se manifiestan a través de ti. El observador toma consciencia de ello.

Tengo una experiencia para compartir que me demuestra lo que he dicho antes. ¿Quién no se ha despertado a media noche y ha empezado a procesar pensamientos? Sabes perfectamente que tú no te has despertado y has decidido pensar lo que piensas. Cuando me ocurre esto, le hago estas preguntas a mi mente: «¿Para qué me muestras estos pensamientos? ¿Qué quieres decirme con ellos? Y si quieres avisarme de algo, dime qué crees que tengo que hacer». Entonces la mente se ralentiza, los pensamientos van reduciéndose y se queda en silencio. Conclusión: tú no eres el pensador, puedes identificarte con lo que la mente te ofrece y entonces cometes el error de pensar que piensas. ¡¡Piénsatelo!! Y entonces, decide. Parece ser que, para la mente, atrapada por el ego, quedarse en silencio es igual a la muerte. Se involucra en todo lo que percibimos y vive en una actividad frenética, en una palabrería constante. La observación de la mente hace que esta quede en silencio y que puedas escuchar tu auténtico yo.

— APRENDER A ORAR —

Se te ha dicho: «Antes de pedir, se os dará». Pedir no es suplicar. Si suplicas, tu mente manifiesta carencia y recibes lo mismo. Cuando tengas un deseo, lo propones de corazón y al instante te desapegas del resultado. Deja que el campo de consciencia elija su momento y lo manifieste en tu vida. Pueden pasar años, quizá ni recuerdes haberlo tenido. No te preocupes, todo tiene su momento. A mí personalmente me ha ocurrido muchas veces. Deseo, lo suelto y añado: «Si es lo mejor para mí». El deseo tiene que estar limpio de querer cambiar cosas que no te gustan. Esto no es orar, es creer que tú puedes manipular. La plegaria, la oración es continua; no hay momentos que sí y momentos que no, siempre estamos orando pero muchas veces no somos conscientes de ello.

Llegados a este punto, muchas veces nos preguntamos: «¿Qué habré hecho yo para que me ocurran estas cosas?». Son las respuestas a tus peticiones —conscientes o inconscientes— y debes prestar atención a tus pensamientos, sentimientos y emociones. Tus oraciones, tu manera de orar, se ha convertido en un estilo de vida.

Cuando rezas, pregúntate para qué, qué intención hay en tu rezo. Si quieres rezar, hazlo desde la gratitud, acepta la experiencia y pide luz para desvanecer las sombras que hay en tu mente. Entonces te adentrarás en la oración plena.

Toma conciencia de que muchas personas se alimentan de sus resentimientos y de la compasión hacia ellas mismas. De esta manera evitan entrar en el auténtico perdón, en la comprensión de la compasión. ¿Quién eres tú?

— EL OBSERVADOR —

Sin percepción, o sea, sin observador, ¿para qué serviría el mundo, el universo, la experiencia? La percepción es la clave de todo, pues determina el mundo en el que vivimos; sin ella no estaríamos en él.

> Lo que reconocemos clara y terminantemente como existencia debe empezar por la vida y la percepción. ¿Qué sentido podría tener la existencia si no hubiera consciencia de ninguna clase?
>
> ROBERT LANZA

Nuestra percepción nos hace vivir en nuestra propia «realidad» —el sueño—, de la cual no somos conscientes. La base del sueño es la escasez y, para ello, usa la percepción que se alimenta de la creencia en la separación. Es algo que vengo repitiendo por ser plenamente consciente de la fuerza de la repetición, necesaria para convertirse en un hábito. Nuestra percepción, con la conciencia que la utilicemos, condiciona nuestra forma de ver y entender. Recordemos que siempre estamos interpretando.

La percepción es un recurso para explicarme aquello que no entiendo y por eso lo interpreto. No somos conscientes de que siempre estamos proyectándonos. René Descartes ya se hizo la siguiente reflexión y con ella muestro el objetivo fundamental de tomar conciencia, de que todo cambio está en nosotros y para que ello sea posible y se pueda manifestar en nuestra vida, tiene que haber, a la fuerza, un cambio de consciencia, lo que implica un cuestionamiento profundo de nuestras verdades. Así lo expresó el filósofo francés:

> Para alcanzar la verdad es necesario, una vez en la vida, desprenderse de todas las ideas recibidas y reconstruir de nuevo y desde los cimientos todo nuestro sistema de pensamiento.

Creo que para lograrlo no basta con querer, hay que hacer un esfuerzo mental que nos lleve a comprender que somos «observadores», que influimos en el mundo con nuestras observaciones y a su vez este activa nuestro nivel de observación, el que hayamos desarrollado.

La ciencia ya ha demostrado varias veces el famoso experimento llamado «El efecto del observador»; en él queda meridianamente claro que nosotros, como observadores, afectamos a lo observado y que lo observado nos afecta a nosotros. Somos interdependientes de una realidad total que es indivisible.

La energía —información— tiene una particularidad: se puede expresar en función de onda o de partícula. Durante muchos años la ciencia se ha devanado los sesos para explicar este doble comportamiento. ¿Cuál era el factor que hacía que la energía se expresara como onda o como partícula?

La física nos dio la respuesta, básicamente, en el famoso experimento de la «doble rendija». El experimento —lo explico de forma resumida— consiste en lanzar fotones hacia una pantalla poniendo entre el lanzador y la pantalla un panel con dos rendijas. Cuando se hace a oscuras, la pantalla muestra un patrón de interferencias propio de las ondas. La pantalla muestra varias columnas. Si se abren las luces (observador), se aprecia un patrón de partículas y en la pantalla se ven dos columnas.

Podemos hacer una analogía: hoy en día prácticamente todo el mundo tiene un móvil. Para que podamos interpretar la información, entiéndase por esta mensajes, llamadas, etc., tiene que pasar de onda a partícula; el observador es el teléfono y la información se manifiesta cuando nosotros decidimos recibirla. Cuando hablamos a través de nuestro móvil, la información viaja por ondas; cuando le damos entrada se convierte en partículas.

Cuando estamos observando, somos emisores/receptores de fotones y estos siempre llevan información. Por lo tanto, emitimos información según nuestro grado de apertura de consciencia y recibimos información —interpretación— según esta misma consciencia. Es así de simple, por decirlo de alguna manera.

Hagamos un pequeño receso en estas propuestas para leer lo que nos dice David Bohm acerca de la interconexión:

> La capacidad de percibir o de pensar de manera diferente es más importante que el conocimiento adquirido.

«Un aspecto de la realidad cuántica que a Bohm le resultaba especialmente interesante era el extraño estado de interconexión que parecía existir entre acontecimientos subatómicos que en apariencia no estaban relacionados entre sí. Y se le antojaba igualmente asombroso ver que los físicos, en su mayoría, tendían a dar poca importancia al fenómeno. De hecho, estaba tan subestimado que uno de los ejemplos más famosos de interconexión permaneció oculto durante varios años en una de las suposiciones básicas de la física cuántica antes de que alguien se diera cuenta de que estaba ahí.

El autor de dicha suposición fue uno de los padres fundadores de la física cuántica, el físico danés Niels Bohr. En su opinión, si las partículas subatómicas solo empiezan a existir en presencia de un observador, entonces no tiene sentido hablar de las propiedades y características que tienen antes de ser observadas. Aquello molestó a muchos físicos, pues gran parte de la ciencia se basaba en el descubrimiento de las propiedades de los fenómenos».

EXTRAÍDO DE «EL UNIVERSO HOLOGRÁFICO» DE MICHAEL TALBOT
HTTPS://WWW.LIBROSDEMARIO.COM/EL-UNIVERSO-
HOLOGRAFICO-LEER-ONLINE-GRATIS/13-PAGINAS

Pero si era cierto que el acto de la observación ayudaba a crear esas propiedades, ¿qué implicaba para el futuro de la ciencia?

«Un físico al que incomodaban las afirmaciones de Bohr era Albert Einstein. A pesar del papel que había desempeñado en la fundación de la teoría cuántica, Einstein no estaba contento en absoluto con el curso que había tomado aquella ciencia en ciernes. Encontraba especialmente objetable la conclusión a la que había llegado Bohr de que las propiedades de una partícula no existen hasta que son observadas, porque, en combinación con otro hallazgo de la física cuántica, implicaba que las partículas subatómicas estaban conectadas entre sí de un modo que, a juicio de Einstein, era sencillamente imposible».[19]

EXTRAÍDO DE «EL UNIVERSO HOLOGRÁFICO» DE MICHAEL TALBOT
HTTPS://USUARIS.TINET.CAT/PAS/CM/CM99-02.HTML

En sus comentarios, Niels Bohr llegó a pronunciar una frase enigmática en sí misma que para mí encierra una verdad, y es que el ser humano nunca podrá saberlo todo, solo imaginárselo, solo acercarse a la verdad. La frase, en mi opinión, es genial, brutal, apoteósica; no tiene calificativo, pues, de tenerlo, este la empequeñecería. Solo puedo darle las gracias desde lo más profundo de mi corazón. Me hace vibrar. La frase en cuestión es: «Las llamadas verdades profundas son afirmaciones cuyo opuesto también son verdades profundas».

Lo dijo cuando la ciencia afirmaba que todo estaba separado de lo demás y que el campo de consciencia no existía, después del experimento Michelson-Morley de 1887. Esta verdad profunda se rompió 99 años después al reproducir el mismo experimento pero con un instrumental más sensible y detectar movimiento en el campo de consciencia.

Lo que molestaba a Einstein, que más tarde se demostró gracias al rayo láser, era el entrelazamiento cuántico, que en resumen viene a decirnos que si enviamos a distintas partes de los confines del universo dos partículas que han entrado en contacto, cuando alteramos una, al instante la otra también queda alterada.

¿Qué clase de observador eres?

Tú ya lo tienes todo. Se ha dicho que antes de que lo pidas ya se te ha concedido (Marcos 11:24). La ciencia está comenzando a probar, a través de la física cuántica, que esto es científicamente verdadero. La infinita inteligencia y la potencialidad a nivel cuántico, el nivel que constituye todo lo que nos rodea, y nuestra habilidad inherente de influir sobre este campo es lo que nos proporciona «tenerlo todo». Estamos comenzando a entender esto a una mayor escala, tanto científica como espiritual.

Recordemos una vez más: el mundo de la consciencia es el mundo real.

Es un prejuicio casi absurdo suponer que la existencia solo puede ser física. De hecho, la única forma de existencia de la que tenemos un conocimiento inmediato es espiritual.

CARL G. JUNG

Y pienso: el mundo en el que vivimos es la expresión de una percepción imperfecta.

Recordemos que lo que vemos es lo que somos. La única «separación» que percibes es una ilusión causada por las limitaciones de los cinco sentidos. Literalmente somos uno. No cambies para producir ciertos cambios; sencillamente cambia tú, ampliando tu conciencia de que estás conectado y de que todo lo que te sucede tiene que ver contigo.

> El hombre se convierte en lo que piensa.
>
> La Biblia

No solo en la Biblia; en los antiguos Vedas ya se explica la importancia de la vibración y la resonancia. «*Nada Brahma*» decían los Vedas, lo que vendría a significar que todo es vibración. Para los Vedas, Brahma no tiene forma ni imagen ni nombre; ello no quiere decir que no pueda manifestarse en el mundo de la forma.

Teresa Versyp, física teórica y máster en física de partículas y gravitación, nos dice en su libro *La dimensión cuántica*:

> Como el ser humano es un sistema de energías en interacción, es obvio que está en vibración continua. Esto me hace recordar el Principio Hermético en el cual nada está inmóvil y todo se mueve y vibra. Este principio explica que las diversas manifestaciones de la materia, de la fuerza, de la mente y del espíritu son el resultado de varios estados vibratorios.[20]

En *La vida secreta de las plantas*, Peter Tompkins y Christopher Bird han demostrado de forma eficaz en el campo científico de la neurobiología la consciencia de las plantas.

La consciencia existe en todas las cosas, pero se manifiesta de diferentes maneras. Si toda la materia es energía que vibra a distintas frecuencias, es razonable decir que toda materia tiene consciencia en su forma única, ya que toda la materia proviene de la misma fuente y está compuesta en su nivel más básico de los mismos bloques de construcción.

En el universo todo es vibración; esto se ha dicho desde los albores de los tiempos y la ciencia, a través de la física cuántica, nos lo demuestra.

También es bien cierto que los representantes y doctores de esta ciencia muchas veces discrepan. Pero yo puedo escoger al teórico que más se ajusta a mi forma de ver y entender la vida, parafraseando a Bruce Rosemblum y a Fred Kuttner, en su libro *El enigma cuántico*. Por lo tanto, no es descabellado afirmar que cada uno elige con qué conciencia quiere vivir y ello determinará su realidad.

Siguiendo el hilo de todo lo expuesto en este capítulo, queremos centrarnos en lo que nos dice David Bohm, que la intuición es la facultad humana que tiene la capacidad para penetrar en este estado de cosas, las realidades perceptuales, que pueden cambiar nuestra manera de ver el mundo y hasta cambiar la materia misma. Y Albert Einstein decía: «la imaginación es la fuerza creativa más poderosa». Como podemos ver, la intuición y la imaginación están correlacionadas, y ellos lo sabían muy bien.

Bohm nos habla de un orden implicado, también llamado orden plegado, es decir, lo no manifestado y lo relaciona con la consciencia, la unidad o la pluripotencialidad de manifestación. Para él, mente y materia son interdependientes, pero a la vez son proyecciones del campo pluripotencial, la consciencia. Estamos conectados, pero para acceder a estos estados de consciencia es muy importante ser coherentes y armónicos a través de nuestros actos, que son consecuencia de nuestros pensamientos y sentimientos.

En conclusión, el mundo que vemos es la expresión de un patrón de interferencias, la manifestación de unos programas que, de alguna forma, hemos elegido experimentar. Como esto es inconsciente, al menos hasta ahora, vivimos con una enorme incertidumbre. El propósito de este capítulo en particular y del libro en general es llevar al lector a una coherencia emocional que le guíe en sus actos en el día a día.

— LA MENTE NO DISTINGUE ENTRE LO REAL Y LO IMAGINARIO —

Una de las características que definen al inconsciente, entre otras, es que no puede diferenciar entre algo que ocurre en realidad y que percibimos fuera y algo que creamos en la mente. El inconsciente siempre guarda memoria de la situación que vemos o imaginamos cuando está impregnada de emoción. Sin emoción no hay recuerdo ni impacto.

Cualquier pensamiento o percepción que nos altere de alguna manera resuena en este campo de consciencia produciendo un «eco» en nuestra vida en forma de experiencia, y si mantenemos dicha experiencia y la convertimos en muy estresante, puede manifestarse en nuestro cuerpo.

Por eso hemos de estar muy atentos a lo que observamos, acto que no podemos evitar, pero sí gestionar. La gestión emocional correcta, esto es, cuando el observador es consciente de que está interpretando, de que está proyectando y evita cualquier juicio, se convierte en un observador inocente que aprende con la experiencia y abre su mente a otro nivel de consciencia.

Por eso el doctor Jon Kabat-Zinn nos dice: «Si aumentas la conciencia, los cambios en tu vida vienen solos». Esta frase, que para algunos es enigmática, ahora se comprende bajo la luz que ilumina nuestra mente gracias a haber comprendido que todo vibra.

Queda claro que tu falta de conciencia acerca de cómo se manifiesta la materia física y el papel que tú desempeñas en este proceso hace que tu vida aparezca como un evento que está fuera de tu control. Cualquier acto que se haga sin conciencia no va a ninguna parte. Es más, te encierra en la culpabilidad y esta oxida tu mente y tu vida.

Se hace evidente que hay que reinterpretar las creencias inoculadas sobre la riqueza, el dinero y el éxito, muchas de ellas ligadas a la espiritualidad. Y también las creencias sobre las bondades de la pobreza. La pobreza crea más pobreza y una mente nunca puede ofrecer inspiración para la abundancia de los demás si vive en la creencia de que la pobreza es lo mejor.

Piensa que todo lo que ven tus ojos está hecho de estas increíbles partículas que están bajo tu control. Piensa sobre los hechos científicos que prueban ahora que tú estás en la causa, o causa compartida, para todo lo que te rodea, que nada de lo que observas puede existir sin tu observación. Si todos vemos lo mismo, es que todos estamos influidos por nuestro inconsciente colectivo. Lo que uno siempre puede hacer es gestionar el estado emocional que le produce un hecho observado o recordado, y reinterpretarlo con una mente libre de juicio, llena de comprensión, con la certeza de que antes de opinar o emitir un juicio hay que ponerse en la piel de los demás, parafraseando un proverbio siux:

No juzgues mi historia por el capítulo en el que entraste en ella.

Anónimo

Vivimos en un mar de energía; el espacio vacío no existe. Todo el «espacio» está lleno de energía, la misma de la cual estáis hechos tú y el resto de las cosas. El caso es que tus cinco sentidos —vista, tacto, oído, olfato y gusto— no detectan la gran variedad de otros tipos de formas que existen en el universo. En otras palabras: solo puedes percibir formas detectables con los cinco sentidos. La separación está sostenida por lo que estos sentidos captan. Esta es la locura en la que vive el ser humano. Por ello entramos en crisis, una crisis que nos permite recapacitar para que observemos que todo lo que nos rodea, nuestro mundo, está totalmente interrelacionado, que hay un equilibrio entre todo lo que alberga, sea animado o inanimado. La crisis de sostenibilidad en la que vive el mundo encierra la potencialidad de gestionar los recursos de la Tierra, que no son nuestros, sino de todos. De seguir el ritmo de expoliación al que sometemos a la Tierra, nuestro destino está más que escrito.

Somos un todo orgánico cuyas partes están cambiando todo el tiempo. Cada parte puede mirar a las otras partes y cada parte tiene su propio nivel de consciencia y conocimiento. Aun así, el todo actúa exactamente como el todo, mientras que las partes actúan como parte del todo con propiedades individuales y con propiedades del todo.

DAVID CAMERON GIKANDI

El universo no se comunica, sencillamente «sabe». La comunicación requiere tiempo/espacio y en el campo de consciencia todo es aquí y ahora. Lo he explicado en la teoría del entrelazamiento cuántico, lo que Einstein llamaba «la fantasmagórica acción a distancia».

Para Einstein era incomprensible que dos partículas atómicas se modificaran al instante al tocar una de ellas. Mas tarde, en 1965, el científico John Bell diseñó un algoritmo para poder demostrar la física cuántica y el fenómeno del entrelazamiento. Todo ello gracias al rayo láser. Y aunque los científicos no saben aún del todo bien cómo se produce esa «comunicación» entre las partículas entrelazadas, el hecho de que sea inmediata ha empujado a numerosos científicos a tratar de aprovechar el efecto para construir redes de telecomunicaciones instantáneas e inviolables. Es la antesala de los ordenadores cuánticos, que se auguran como superseguros, sencillamente porque la información viaja como probabilidad. Hay que dejar claro que no viajan los fotones, sino la información gracias al entrelazamiento cuántico. Esta es la nueva frontera de las comunicaciones.

Hay que observar el «pensamiento creativo»

El pensamiento creativo no es el pensamiento que tú experimentas de manera consciente, sino el pensamiento que se alimenta de tus creencias, el pensamiento programado. Piensa en las cosas que piensas. Pon atención a tu mente. Desarrolla la capacidad de observación. El pensamiento creativo está al margen de los pensamientos que alborean en la mente. Surge cuando el observador no se identifica con lo que la mente le muestra.

Nunca olvides que el hombre se convierte en lo que piensa.

Un día oí una frase cuando estaba en el avión en uno de mis viajes: «A Dios no le preocupa lo que hiciste en el pasado, solamente presta atención a lo que hagas ahora». Este «ahora» es lo único que existe. Todo lo que llamamos pasado y futuro está en el ahora. Para la consciencia no existe otro momento. Una vez más: presta atención a tus pensamientos, palabras, sentimientos y emociones; están creando tu realidad.

Un curso de milagros, nos lo recuerda cuando nos dice: «Te encuentras en una situación imposible, únicamente porque crees que te puedes encontrar en una situación así».[21]

Por eso podemos hacernos otra pregunta: ¿en qué paradigma vivimos?

- El de estar conectados a la fuente.
- El de estar desconectado de todo y tener que valernos por nosotros mismos para solucionarlo todo.
- Escojamos el que escojamos, debemos recordar que siempre tenemos razón.
- Nosotros somos los creadores de nuestra realidad. Nuestro mundo solo refleja nuestras creencias.

— MUY BIEN, PERO ESTAMOS EN ESTE MUNDO —

Debe quedarnos claro que nuestros resultados están relacionados con el tipo de observadores que somos. Es muy importante que dejemos de buscar culpables y respuestas fuera de nosotros y empecemos a ser conscientes de que nuestro potencial se manifestará en nuestra vida según el filtro de observación que utilicemos.

Muchas veces nos encontramos con un problema y por más que nos esforcemos, no encontramos la solución. Tenemos casi el convencimiento de que no hay más opciones. De repente, llega alguien, le comentamos la situación y *voilà!*, nos da la solución y nosotros solo podemos decir: «Oh, ¡no lo había visto de esta manera!».

Por lo tanto, nuestros resultados, en todos los ámbitos de la vida, dependen del tipo de observador que somos.

No olvidemos que nuestra observación depende de tres aspectos básicos:

- Nuestras conversaciones internas.
- Nuestro estado emocional.
- Nuestro estado corporal o biología.

Cada uno de nosotros trae un conjunto de creencias, preocupaciones e historias; por lo tanto, lo que vemos, la forma en que lo observamos revela más sobre nosotros mismos que sobre lo que está afuera. Es muy importante cuestionarnos a nosotros mismos nuestra forma de entender la vida y ser plenamente conscientes de que en realidad no vemos, ¡estamos interpretando!

Un recurso que siempre aplico en mis sesiones de Bioneuroemoción consiste en convertirme en observador del observador, o sea, observar nuestra manera de observar. Al hacer esto se establece una distancia emocional, no te identificas con el observador que tiene el problema y está confuso. Con esta acción te liberas de posiciones fijas y puedes hacerte preguntas sin caer en la trampa de las explicaciones, justificaciones e historias que te cuentas para seguir en el mismo conflicto.

Te propongo un pequeño ejercicio:

Ejercicio
Busca una situación repetitiva en la que siempre obtienes los mismos resultados u otros parecidos. Pon distancia emocional; observa las explicaciones y justificaciones que das para seguir haciendo lo mismo o parecido.

Te darás cuenta de que es uno mismo el que tiene el poder de decidir y de que repites situaciones porque inconscientemente esperas que el otro cambie.

Veamos un ejemplo aclaratorio:

Ejemplo:

Una mujer viene a mi consulta con un motivo concreto: «No soporto situaciones de ira».

Decide romper una relación porque su pareja, según ella –no olvidemos nuestra percepción– repite situaciones de ira.

El conflicto –el desorden–, eso a lo que yo llamo «día de la marmota», es que siguen viéndose y, por lo tanto, repitiendo situaciones de ira, y todas se desencadenan hablando de cosas del pasado.

No olvidemos que el inconsciente vive siempre en el presente y cualquier cosa del pasado que se recuerde es «hoy». Tampoco hay diferencia entre estar en régimen de separación y seguir viéndose, aunque sea tres veces al mes; es más, puedes no verte físicamente con el otro y seguir viviendo estados emocionales por lo que tú crees que hace o deja de hacer el otro. El vínculo que nos mantiene unidos a los demás lo conforman, simple y llanamente, nuestros estados emocionales.

Seguimos:

Se justifica –observador confuso– diciendo que la llama y que «necesita verla». La palabra clave es «necesidad». El observador consciente se da cuenta de que la necesidad es de ella, pues de lo contrario no seguiría la relación. Es más, si ella algún día le dice que no, él va a su casa y llama al timbre. Ella le abre.

El observador consciente te permite ver que es uno mismo el que no se respeta.

El observador consciente se permite recordar que el ambiente que vivía en la infancia era de gritos y peleas entre papá y mamá. Cuando papá se marchaba de casa enfadado y gritando, su mamá lo seguía bajando las escaleras.

Toma conciencia de que cuando un hombre grita, le entra el miedo de cuando era pequeña, de que las mujeres de su clan han aguantado y aguantan que los hombres lo hagan y, si además se van, ellas los buscan (bajando las escaleras) y en su caso abriéndole la puerta. Recuerda, también, que su madre le decía: «Tienes que ser independiente de los hombres. Tienes que ser la mejor». Su madre proyectaba en ella lo que ella quería y no podía o no sabía hacer.

Conclusión:
Somos energía, frecuencia y vibración, y atraemos a nuestra vida los «hechos» para poder ser conscientes de ello y transformar la información gracias al cambio de percepción del observador que somos.

Como dijo el poeta inglés William Ernest Henley en su breve poema «Invictus»: «Soy el dueño de mi destino, soy el capitán de mi alma». Henley debería habernos informado de que nosotros somos los dueños de nuestro destino, los capitanes de nuestra alma, porque tenemos el poder de controlar nuestros pensamientos, nuestros sentimientos y emociones. Porque ahora sabemos que llevamos una información inconsciente que condiciona nuestra forma de ver y entender la vida, y que siempre tenemos el poder de decidir gracias a la comprensión de todo ello.

Propongo a todo aquel que quiera cambiar su vida que para conseguirlo cambie de paradigma. El cambio está en uno. El cambio de paradigma implica que nuestra nueva observación cambie la manera de ver las cosas y, por lo tanto, las acciones con sus resultados.

Los paradigmas son necesarios; el problema es que, si no somos conscientes de ellos, nuestros paradigmas pueden pasar de ser «una» manera de pensar, de creer y tomar decisiones a ser «la» manera de pensar, creer y tomar decisiones. Podemos pasar de tener paradigmas a que nuestros paradigmas nos tengan a nosotros; de que la información condicione nuestra vida a que utilicemos esta información para reinventar nuestra vida. Esta es siempre nuestra opción; entonces podremos decir con seguridad: «Soy el dueño de mi destino, soy el capitán de mi alma».

— LA IMPORTANCIA DE VIGILAR NUESTRO LENGUAJE —

> Yo siempre estoy conversando y, a veces, hay otras personas involucradas.
>
> MARK TWAIN

Para cuidar nuestro lenguaje, tenemos que ser muy conscientes de nuestros pensamientos. El pensamiento y el lenguaje están entrelazados constantemente. Prestar atención a cómo nos hablamos a través de nuestros pensamientos nos permitirá darnos cuenta de cómo hablamos a los demás y cómo, en realidad, estamos creando en nuestra vida. Cada uno de nosotros vivimos al día muchos acontecimientos: en el trabajo, con los amigos, en el club, etc. Y como seres humanos, rápidamente:

1. Inventamos historias.
2. Sostenemos que nuestra historia es verdad.
3. Y ¡olvidamos que la hemos inventado!

Recordemos: historias es igual a interpretaciones. También debemos recordar la importancia que tienen las emociones en nuestras explicaciones. Somos observadores terribles; cuando observamos nuestros estado de ánimo consideramos que «las cosas son verdaderamente así». Llegamos a decir cosas como: «Yo no soy pesimista, soy realista», pero todos estamos interpretando. No tenemos objetividad. Interpretamos tomando como referencia todo lo que conocemos y que nos hace únicos. Nuestras conversaciones internas y externas nos convierten en observadores específicos; el problema es que no somos conscientes y defendemos nuestras observaciones «hasta la muerte» si hace falta.

> Nosotros vivimos en el lenguaje tal como un pez vive en el agua.
>
> Si cambias tus conversaciones internas, cambiaras el grado de tu apertura mental.
>
> CHALMERS BROTHERS

Por lo tanto, cuando somos conscientes de que no vemos, sino de que interpretamos, podemos cambiar nuestras percepciones y, de esta forma, liberarnos de nuestras cadenas. Cuando cambiamos nuestras percepciones, cambiamos nuestras conversaciones y esto nos permite ver aquello que antes no veíamos.

Para cambiar nuestro ambiente emocional, hemos de cambiar nuestras percepciones para deshacer las verdades que nos hacían vivir la mentira en nuestra vida.

El lenguaje tiene el poder de permitirnos ver con nuevos ojos el mismo territorio que hemos estado abarcando y con ello abrimos nuevos horizontes de posibilidades. No es lo mismo decir «mi pareja me miente» que decir «yo me miento a través de mi pareja». La segunda observación lleva implícito un estado de conciencia, de que estamos siempre con las personas por las que nos sentimos atraídos gracias a que somos información, vibramos y resonamos.

Todo queda escrito en el campo cuántico; las opiniones de los demás ya recibirán su factura. Utilízalas para conocerte mejor y para tomar conciencia de que estás promoviendo cambios. Lo importante es vigilar nuestra mente y todo lo que esta alimenta. Por lo tanto: cuídate mucho de la calumnia. Cuídate mucho de la mentira. Cuídate mucho de opinar sin saber. Cuídate mucho de hablar de alguien, porque tú no sabes todos los factores que rodean su historia. De estar en la misma situación con la misma información, muy probablemente harías lo mismo.

La sabiduría pasa por el silencio. La persona despierta va por el mundo sin molestar al mundo. Observa con inocencia. No juzga jamás. Le gustará una cosa o no le gustará la otra, pero no va a decir que esto es bueno o malo.

— LA IMPORTANCIA DE SABER ESCUCHAR —

En nuestro método de la Bioneuroemoción resaltamos la importancia de la escucha. Cuando escuchamos —escucha flotante—, aquietamos nuestra mente, no interpretamos, hay ausencia de juicio y, de repente, brota en la mente la solución, la visión, la posibilidad de llevar a cabo una acción.

La sabiduría pasa por el silencio.

Consideramos que hay cuatro niveles de escucha y diferenciamos claramente que *escuchar* no es igual que *oír*.

1. Los juicios que hacemos al escuchar a los demás. Solamente prestamos atención a nuestro diálogo interior y argumentamos contra lo que oímos. Este nivel es el de la «no escucha».
2. Consiste en ver las diferencias entre lo que digo, mis argumentos y los argumentos de mi interlocutor.
3. Nos ponemos en el lugar de nuestro interlocutor. Vivimos su interpretación para poder experimentar sus emociones y sus sentimientos.
4. Hacemos un silencio. Nos dedicamos a la auténtica escucha: dejamos que la consciencia de unidad, el campo de consciencia, el ser nos envíe la mejor solución para ambas partes.

Básicamente, las personas, cuando dicen que están escuchando, lo que hacen en realidad es oír y, a la vez, interpretar.

Como podemos ver, desarrollar la conciencia de observador implica mantener cierta disciplina y desarrollar un estado mental de alerta. Veamos a modo de recapitulación los aspectos que se deben considerar:

- No vemos, sencillamente interpretamos.
- No escuchamos, oímos e interpretamos.
- Hacemos juicios constantemente y los hacemos inconscientemente.
- Nos contamos historias para mantener nuestras distinciones, o sea, nuestra forma de entender la vida.
- Tenemos una cacofonía constante en la mente.
- Prestamos demasiada atención a este ruido mental.

Siempre que dos personas están en una conversación, hay tres conversaciones ocurriendo a la vez: la que se puede oír y las dos privadas.

Se requiere actitud de escucha para prestar atención abiertamente a las ideas que son diferentes a las nuestras, que están sustentadas por nuestras creencias con sus respectivas experiencias. Es muy importante crear un espacio donde la otra persona se sienta lo bastante libre para compartir con nosotros.

La persona que escucha y está presente no tiene un diálogo interno. Sencillamente, ha aquietado su voz interna y así está mucho más presente con el otro. Esto es clave para recibir una información que nos permita ver una situación de otra manera. Nunca debemos olvidar que nosotros podemos ser muy buenos en algo concreto, hasta tal punto de que venga mucha gente a pedirnos ayuda, pero también hemos de ser conscientes de que somos ignorantes en otros ámbitos.

Dicho de otra manera, para que se entienda mejor: dos personas, una de las cuales es mecánico de coches y la otra simplemente los conduce, no verán igual un vehículo cuando lo miren. El mecánico detectará detalles que el conductor no detecta. Un forestal ve el bosque con unos ojos —percepciones— que el que vive en la ciudad no capta.

Desarrollar la capacidad de observar al observador confuso, el que está atrapado en su mundo, nos permite gestionar nuestros estados emocionales y evitar que estos tengan un exceso de fuerza en nuestra psique y, por ende, en nuestra biología.

• RECORDEMOS •

Lo haremos mediante unas reflexiones sobre lo que hemos visto hasta ahora:

- Toda la información ya está ahí, en este instante, pues no hay tiempo.
- Todo lo que puedas imaginar, todas las ideas, ya están ahí, en este ahora. Todo está a la espera de tu actitud mental.
- La inspiración o creatividad es un patrimonio de todos y cada uno. Utilizarla depende absolutamente de ti.
- No hay pensamientos fútiles. Todo pensamiento produce forma en algún nivel.
- Para recibir la información del campo de consciencia es muy importante la armonía y coherencia en la mente y en los actos.
- Mantente alerta y vigila de qué alimentas tu mente. Evita alimentarla con los seis miedos básicos:
  - La pobreza, el más destructivo.
  - La crítica para justificar tus acciones.
  - La enfermedad.
  - La pérdida de amor.
  - La vejez como fuente de pobreza.
  - La muerte.
- No hay limitaciones para la mente, excepto las que aceptamos.
- Tu mente es un campo; vigila lo que siembras en él.
- Se ha dicho que el hombre es capaz de crear cualquier cosa que pueda imaginar.
- Para poder dar, primero debes aprender a recibir. El universo no puede estar nunca en deuda.
- Desarrolla una observación inocente, no con esfuerzo, sí con la sabiduría de que tu observación está creando tu realidad.
- No esperes nada, procura dar lo máximo de ti mismo en cada situación.
- El perdón, la compasión y la gratitud son las semillas que debes sembrar en tu mente.
- Tú eres 100 % responsable de cómo escuchas. Es decir, eres el 100 % responsable de tus interpretaciones. Has estado haciéndolo toda tu vida.

CAPÍTULO VII
EL PROPÓSITO DE VIDA

Los dos días más importantes de nuestra vida son el día en que nacemos y el día en que descubrimos por qué.

MARK TWAIN

La vida de Mark Twain expresa el alma de este capítulo y del libro. Toda fuerza, todo impulso que alimenta una vida, surge de las energías que se expresan como circunstancias aparentemente opuestas. Las personas que alcanzan el «éxito» en la vida han vivido situaciones y experiencias que las inspiran, que les dan impulso para mostrar toda su fuerza interior atrapando su alma y su corazón hacia un destino que ellas mismas están creando. Otras, sin embargo, viven las mismas circunstancias y las utilizan como una excusa perfecta para no vivir la vida o, mejor dicho, para hacer de ella un lamento.

«Mark Twain» es una expresión que los navegantes del río Misisipi utilizan para indicar que hay dos brazas de profundidad (3,66 m, el calado mínimo necesario para la buena navegación). Figura en su biografía que «a los doce años, Samuel Langhorne Clemens, nombre real de Twain, quedó huérfano de padre, abandonó los estudios y entró a trabajar como aprendiz de tipógrafo en el periódico de su hermano, donde más tarde empezaría a escribir algunos artículos. Con dieciocho años decidió abandonar su hogar e iniciar sus viajes en busca de aventuras y, sobre todo, de fortuna. Después de trabajar como impresor en varias ciudades, se hizo piloto navegante en el río Misisipi, hasta la guerra de Secesión en 1861, durante la cual quedó interrumpido el tráfico fluvial. Entonces, se dirigió hacia el oeste, donde trabajó con poco éxito en la minería de oro en la sierra Nevada. Retornó al periodismo y empezó a escribir. Firmaba con el seudónimo de Mark Twain. En una de sus últimas obras, *El forastero misterioso*, manifestaba que se sentía como un visitante sobrenatural, llegado con el cometa Halley, y predijo que se iría con él, tal como efectivamente sucedió con la reaparición del cometa 74 años después».

— LA VIDA —

Un servidor, desde muy joven, cuando contaba con quince o dieciséis años, intuía como Twain que la vida y la muerte eran las dos caras de una misma moneda. No sabía explicarlo. Si alguna vez decía algo sobre ello, recibía una mirada de rechazo o una sonrisa socarrona.

> Siempre supe que hay vida después de la vida. En mi infancia los niños jugábamos en la calle prácticamente todo el día cuando no estábamos en la escuela. Muchas veces, cuando mi madre me llamaba para ir a comer y no me encontraba en la calle, sabía que estaba en la iglesia. Todos pensaban que de mayor sería sacerdote. Que había nacido para ello, cosa que satisfacía en gran manera a mi madre, pues ella deseaba y pedía a Dios un hijo que fuera sacerdote debido a sus fuertes creencias religiosas.
>
> Cuando era más mayor y con un currículum de rebeldía a las espaldas, me llegó a decir que estaba poseído por el diablo.
>
> Siempre he sabido que ciencia y espiritualidad eran lo mismo.

Ya en el capítulo tercero hablo de esta paradoja que tiene que ver con ciencia & espiritualidad. Esta visión-reflexión de David R. Hawkins en su libro *El ojo del yo* me abrió plenamente a la comprensión de algo que ya sabía y no acertaba a expresar. Hawkins nos libera del dilema creación y evolución al decirnos que son lo mismo y que la creación es la pluripotencialidad que se manifiesta en un aspecto llamado «evolución» de los muchos posibles. La creación es la fuente;

la evolución, la esencia. La creación es la Consciencia —unidad—; la evolución, la conciencia —dualidad—.[22]

Para mí, como para muchos, la espiritualidad no tiene nada que ver con la religión: esta separa, la espiritualidad une. Muchas personas creen que ser espiritual consiste en llevar a cabo una serie de rutinas a cuál más variopinta. Repito: cualquier cosa que se muestra en demarcaciones no es ser espiritual, pues estas indican separación, fronteras y que tú y yo somos diferentes. Del término «espiritual» se ha abusado tanto que crea mucha confusión, y el ego aprovecha para aumentarla y hacernos entrar en el juego de la culpabilidad. La palabra «consciencia» sería, quizá, la que está en el centro y engloba toda la información disponible del ser humano y de Dios. De esta fuente emanan todas las posibilidades y, por supuesto, también la de esa teórica separación.

Nuestra vida tiene un sentido, pero no tiene un propósito especial. El único propósito, que voy a llamar esencial, es ¡vivirla!

Muchas veces nos olvidamos de vivir la vida porque creemos que tenemos que hacer algo que consideramos importante. Nos obsesionamos por muchas circunstancias, como resentimientos, alcanzar algún objetivo, llegar a alguna parte, recibir algún tipo de reconocimiento o, simplemente, llegar a «ser alguien». Cuando vivimos atrapados por nuestras obsesiones, por un pasado errante y un futuro inalcanzable, nos desconectamos de nuestra alma y andamos perdidos por un mundo lleno de sinsentidos. Vamos como zombis por la vida, lamentándonos y quejándonos de todo y de todos. Convertimos nuestra vida en un infierno, entendiendo este como la máxima expresión del egoísmo. Esperamos que alguien nos solucione la vida y como la espera es inútil —pues, aunque alguien se nos acerque para ayudarnos a cambiar nuestras percepciones, seguimos en la queja y en el «pobre de mí»—, seguimos deambulando simplemente porque creemos que tenemos derecho a que este «alguien» nos diga qué tenemos que hacer y obviamos que es imposible que este «alguien» sepa lo que es mejor para nosotros. Si esto fuera posible, nos condenaría a una vida de inmadurez y de absoluta irresponsabilidad.

Todo poder anida en uno mismo y tomar las riendas de nuestra vida, dejar la queja a un lado y empezar a poner en marcha pequeñas cosas que hagan que el mundo sea mejor es una de nuestras prioridades, por no decir la única. Los pequeños detalles están cargados del poder que dan los actos conscientes. A las personas que me dicen que no saben qué hacer en su vida siempre les respondo que, hagan lo que hagan, pongan en ello todo su amor, que den lo mejor de sí mismas, ya sea lavando platos, limpiando calles o dirigiendo un proyecto.

Cuando vivimos atrapados por nuestras obsesiones,
por un pasado errante y un futuro inalcanzable,
nos desconectamos de nuestra alma
y andamos perdidos por un mundo
lleno de sinsentidos.

Todo está en perfecta sintonía con la CONCIENCIA con que uno mira al mundo.

Llegará un momento, sin saber cómo ha llegado, en que comprenderás que vivir la vida plenamente es un estado de conciencia en el que dejas de vivir la vida que te has programado como algo importante. Este estado de conciencia se asienta en una plena «rendición» en la que se sabe con certeza que el propósito fundamental es aportar bienestar a la vida de todos los que te rodean, superando el síndrome de Groucho Marx, quien dijo en una de sus películas: «¿Por qué debería preocuparme por las generaciones futuras? ¿Qué han hecho ellas por mí?».

Todo poder anida en uno mismo.

La vida es un viaje perfecto

La vida es un viaje que no está programado. Lo único cierto es que en este viaje, en este camino, te encontrarás a multitud de personas y experiencias. Algunas estarán, te acompañarán durante un tiempo más o menos largo; en cambio, con otras establecerás relaciones efímeras. Cometemos un error si a las primeras las llamamos «buenas» y a las segundas «malas». Todas aparecen en tu vida como mensajeras. Por lo tanto, nunca hay que matar al mensajero, pues él o ella nos comunica un mensaje para facilitarnos la vida. Siempre hay una enseñanza. Recordemos que todo encuentro, por muy doloroso que sea, es santo. Siempre tenemos la oportunidad de decidir cómo vivirlo e integrar la enseñanza que lleva implícita.

Establecemos relaciones y muchas de ellas resultan tóxicas porque proyectamos una necesidad. Nos vemos o nos sentimos incompletos. Aquello que no reconocemos en nosotros lo vemos en los demás, lo que provoca que nos movamos entre las dos polaridades, la paradoja «Rechazo y aceptación».

> Vivir la vida plenamente es un estado
> de consciencia en el que dejas de vivir
> la vida que te has programado.

La relación más tóxica siempre es con nosotros mismos. Nuestros miedos, sustentados por inseguridades y por la opinión de los demás, hacen que les demos nuestro poder pues pensamos que así seremos felices.

> La relación más tóxica siempre es
> con nosotros mismos.

Todo encuentro es santo porque te permite conocerte a ti mismo. Cuídate de maldecirlo, pues encierra un tesoro. Rechazar la experiencia es rechazar lo que Carl G. Jung llamaría el «oro de la sombra». La humanidad toma el camino de la «desgracia» para aprender las lecciones que da la vida y olvida que lo que llamamos «alegría» también encierra su enseñanza. La razón es que creemos que lo bueno nos corresponde por naturaleza, por justicia, y por tanto no le otorgamos un valor didáctico.

Nuestro viaje está lleno de luces y sombras, el contraste está implícito en cada experiencia. Saborear cada instante de nuestra vida, vivir con gratitud cada experiencia, libera nuestra mente. Esta alcanza otro nivel de conciencia cuando comprende que la fuente de toda experiencia está en uno mismo. Entonces y solo entonces esta mente se abre al conocimiento de que toda experiencia está almacenada para ser liberada en un mundo llamado dual —de contrastes— para comprender que ambos se encuentran en uno mismo. En ese momento se alcanza un estado de plenitud y de certeza que nos lleva a la paz interior y nos hace comprender aquella frase que antes resultaba inaceptable: todo es perfecto.

— ¿QUÉ ENTENDEMOS POR «PROPÓSITO»? —

Quisiera dejar claro que no venimos con un propósito definido. Somos una pequeña expresión de «algo» infinitamente más grande que nosotros, llamado «Conciencia universal» o «inteligencia universal». Podemos venir con una personalidad, unas capacidades, cualidades y hasta algún don, pero todo ese bagaje no determina un propósito.

Yo nací, junto con mis hermanos varones y mi hijo, con una cualidad, el dibujo, pero salvo uno de mis hermanos, ninguno ha hecho de esta cualidad su propósito de vida. Todos tenemos algún talento, incluso aquellos que aparecen frente a nosotros con alguna deficiencia. Por citar un ejemplo que conozco, en México hay unos restaurantes que se llaman Carolo, inspirados y dirigidos por una persona con síndrome de Down. Esta persona tiene una sensibilidad especial, por así decirlo, y en sus restaurantes se respira un ambiente de servicio, amabilidad y, sobre todo, cariño.

En una película llamada *Innocent moves* (*En busca de Bobby Fischer*, en España), podemos ver a un niño dotado para jugar al ajedrez. A este niño también le gusta hacer otras cosas, como jugar al béisbol. La vida le pone dos maestros, uno muy ortodoxo y otro que juega en la calle enseñándole a echar partidas rápidas. Le gusta ganar igual que no le gusta ver perder. Vive en una paradoja ganar/perder hasta tal punto que, sin saberlo o ser consciente, le ofrece las tablas en un campeonato muy importante a su oponente para compartir la victoria, a sabiendas de que tiene la partida ganada. Quería ganar pero no le gustaba vencerlo, verlo perder. Su oponente, que es el campeón, lleno de prepotencia y orgullo, las rechaza hasta tres veces. Este niño llegó a ser campeón de EE. UU. dos veces y también lo fue de artes marciales. Esta película es un magnífico ejemplo de vivir con una mentalidad paradójica.

Si buscamos un poco en la vida de aquellas personas que han alcanzado el éxito, veremos que todas y cada una de ellas han pasado por momentos muy oscuros y dramáticos. Estas circunstancias les han fortalecido la mente y han dado fuerza a su corazón y sentido de vida a su alma.

Por citar algunos:

> He fallado una vez tras otra en mi vida y por eso he triunfado.
>
> MICHAEL JORDAN

- A Thomas Edison le dijeron que no servía para estudiar. Su paso por la escuela fue breve. Su madre, Nancy, se encargó de su educación y Edison dejó escrito en memoria de su madre su eterno agradecimiento:

> Mi madre fue la que me hizo como soy. Fue tan leal, estaba tan segura de mí, que yo sentía que tenía un motivo para vivir, alguien a quien no decepcionar.

- A Albert Einstein le costó mucho aprender hablar y en la escuela era un niño pésimo y rebelde.
- A Walt Disney lo despidieron de su trabajo con la excusa de que no tenía suficiente imaginación. Tuvo graves problemas económicos hasta que un día apareció Mickey Mouse.

- A Nick Vujicic le faltan las cuatro extremidades y se hizo muy conocido por la película *El circo de las mariposas*. Actualmente es un conferenciante motivador internacional.
- Frida Kahlo sufrió en su juventud un grave accidente que la mantuvo postrada en cama durante largos periodos; llegó a someterse hasta a 32 operaciones quirúrgicas.

Yo mismo, por supuesto sin querer compararme con estas eminencias, tuve muchas dificultades en aprender a leer y fui tremendamente tímido. En la escuela me mostraba siempre rebelde y por ello siempre me castigaban. Los psicólogos les dijeron a mis padres que nunca tendría estudios superiores y que sobresalía un factor importante en mi personalidad: la gran confianza que tenía en mí mismo. Desde muy joven empecé a leer todos los libros que caían en mis manos y que iban conformando algo en mi interior, hasta que todo encajó cuando llegó a mis manos el libro que dirigió, envolvió y aglutinó todos los propósitos de mi vida en uno solo, el libro es *Un curso de milagros*.

En esencia, todo propósito es la determinación de hacer algo; es un compromiso con uno mismo. El propósito de vida es una declaración personal que, cuando se cumple, nos lleva al estado de máximo bienestar. Es la expresión de una fuerza interior. Nos lleva a sentirnos vivos. Es un impulso, una idea, un sueño.

Una vez me preguntaron: «¿Se puede vivir sin un propósito?». Mi respuesta fue tajante: «No». Vivir sin un propósito ya es un propósito. La pregunta manifiesta a una persona que no se atreve a vivir su vida, a justificar una vida anodina, a vivir la vida de los demás.

Hay tres niveles de propósitos, a saber:

- El primero es el de la pura supervivencia; desde que nacemos tenemos el propósito de vivir.
- El segundo es el de prosperar, estudiar, trabajar, formar una familia y un largo etcétera.
- El tercero es pensar en el bienestar de las generaciones futuras. ¿Qué puedo aportar al mundo para que este sea mejor?

El tercer apartado requiere una conciencia que se haya desarrollado en una concepción Advaita (o «no-dos»). Es la compresión de que todo es un continuo y de que está relacionado. Este estado de conciencia lleva implícito una serie de valores tales como el altruismo, la benevolencia, la amabilidad y la cooperación, valores que la ciencia ha demostrado que activan zonas del cerebro que nos conducen al bienestar emocional y la paz interior.

El propósito de vida te ayudará a descubrir mucho sobre ti, pero no va a resolver todas las dudas y los problemas de tu vida. El propósito puede parecer algo mágico, pero no te exime de tus responsabilidades.

En la película *Soul* (Alma) verán que Joe, el protagonista, sigue un deseo ardiente: vivir de la música y tocar en un grupo de *jazz*. Su mayor suerte —factor que el protagonista no ve hasta el final de la película—, es el accidente que sufre justo cuando está a punto de alcanzar lo que para él era su sueño.

Después de largas y maravillosas vicisitudes llenas de enseñanzas hasta conseguir su sueño, se plantea la gran pregunta: «¿Y ahora qué?». Hablando con la directora del cuarteto después de la noche del estreno, le pregunta: «¿Qué pasa después de una noche como esta?». A lo que ella le responde: «Hay que volver mañana por la noche y hacerlo otra vez». Viendo su cara, continuó: «Joe, ¿qué sucede?».

«He estado esperando este día toda mi vida […] lo esperaba diferente», contestó.

La directora, entonces, le contó una historia:

«Érase una vez un pez joven que se topó con un pez viejo y le dijo:

—Estoy buscando esta cosa a la que llaman océano.

—¿El océano? —le respondió el pez viejo, y siguió—: Es donde estás ahora.

—¡Esto es agua! —le contestó el joven pez sorprendido—, ¡lo que quiero es el océano!

La directora se fue diciéndole lacónicamente a Joe: «Te veo mañana».

El propósito no tiene nada que ver con la pasión, aunque es un ingrediente importante, pues implica compromiso y dedicación, al igual que el placer de hacer aquello que sientes y que te proporciona un instante de bienestar; el propósito va más allá, es hacer algo más grande que nosotros.

Hay que tener siempre presente que el propósito no tiene que ver nada con la fama y la fortuna, sino con un nivel de conciencia. El propósito nos llevará siempre al éxito, pero hay que dejar claro este concepto. Para ello voy a utilizar la definición de éxito de David R. Hawkins:

> El éxito es tener la capacidad de demostrar, ejecutar, manifestar, producir, materializar y hacer que algo ocurra en el mundo.

A lo que yo añadiría: «... sin esperar nada a cambio», pues ello implica un nivel de conciencia que comprende que no hay nada que puedas hacer que no sea a ti mismo.

> Cuanto hicisteis a uno de estos hermanos, a mí me lo hicisteis.
>
> MATEO 25, 31-46.

Cuando estás imbuido en tu propósito con esta conciencia, sabes y comprendes que tú no eres el hacedor. Conviertes todas las dificultades que te encuentras en el camino en catalizadores, en energía para avanzar.

El verdadero éxito genera un estado interno tal que los que lo disfrutan no tienen que demostrar nada. No necesitan impresionar a nadie.

Por lo expuesto hasta ahora, un propósito, el que aglutina todos los propósitos de tu vida, contempla vivir en unas paradojas constantes:

- Compromiso y desfallecimiento.
- Pasión y dolor.
- Placer y frustración.
- Quedarse y marcharse.
- Vivir solo y vivir acompañado.

— CLAVES PARA RECONOCER TU PROPÓSITO —

1. **Enfócate en tus capacidades y potencialidades naturales:**
- ¿En qué soy bueno?
- ¿Qué es lo que más amo o me gusta?
- ¿Qué impulso hay en mi interior?
- ¿Seguiría haciendo lo mismo si heredara mucho dinero?

Voy a contestar estas preguntas poniéndome yo como ejemplo.

- Yo soy bueno en dibujo; trabajé durante un tiempo en una oficina como delineante. Pero este trabajo no llenaba mi alma. Más tarde, cuando acabé mis estudios de ingeniería técnica en química, entré a trabajar en una empresa que fabricaba circuitos, donde llegué a ser director de calidad. Allí tomé conciencia de que era muy buen observador, de que veía detalles que a los demás les pasaban inadvertidos, y puse esa capacidad a disposición de la empresa para hacer mejoras de calidad.
- Leer. Llegó a apasionarme y no comprendía que la gente leyera tan poco, pues la lectura te permite tener tu propia opinión con relación a los acontecimientos históricos y también desarrollar tu criterio, lo que evita que los medios te abduzcan.
- Siempre he sentido un impulso hacia todo lo relacionado con lo «oculto» y «místico». En la adolescencia tuve experiencias en las que me veía fuera de mi cuerpo. Nunca me atreví a decírselo a nadie. Al principio me daban miedo, pero abrieron mi mente a otras realidades. Cuando me sentía desfallecer por los impedimentos y obstáculos que encontraba en el camino, siempre me hacía la misma pregunta: ¿lo que haces le sirve a alguien? La respuesta siempre era afirmativa. Era la mínima fuerza interior para seguir adelante.
- Mi respuesta es y ha sido siempre la misma: el propósito de mi vida me ha robado el alma y el corazón, esta es mi fortuna, mi herencia, mi riqueza. Mi vida tiene un sentido pleno y no hay oro en el mundo que lo pague. No puedo y no quiero dejar de hacer lo que estoy haciendo pase lo que pase.

2. El propósito casi siempre tiene un significado transpersonal

Hacer cosas para algo o para alguien, más allá de nosotros mismos. Por eso tienes que preguntarte: ¿qué puedo aportar al mundo para que sea mejor? Y tener en cuenta la importancia, como ya he mencionado antes, de los pequeños detalles.

3. El propósito puede guardar relación con lo que más nos duele

Cuando una persona utiliza las heridas de su pasado para dar luz a este mundo, conecta con su fuerza. Cuando utiliza las heridas de su pasado para vengarse de los demás, comienza su proceso de autodestrucción.

Hay varios ejemplos de personas que no han tenido la libertad de expresarse en casa, y por ello han desarrollado unas habilidades comunicativas únicas. Así como alguien que haya tenido un padre muy exigente puede resultar una persona muy competente, que no se rinde nunca. Otros, que han sido excluidos de su familia, pueden tener una habilidad especial para gestionar equipos. En mi caso, el miedo que se me infundió con relación a un dios castigador y con las penas del infierno ha hecho que conociera el «Dios Amor» y que lo exprese a través de *Un curso de milagros*.

Veamos unas reflexiones afines:

> Quienes carecen de recursos son los que tienen el valor de arriesgar su vida.
>
> JOSEPH CAMPBELL

> En lo más profundo de cada uno de nosotros hay un don que debemos ofrecer al mundo; pero en una profundidad parecida también hay una herida.
>
> STEPHEN GILLIGAN

El más santo de los lugares de la tierra es aquel donde un viejo odio se ha convertido en un amor presente.

Un Curso de Milagros (T-26.IX.6:1)

Pregúntate: ¿De qué forma puedo transformar mis heridas en un don para ofrecer al mundo?

4. El propósito está relacionado con lo que estamos dispuestos a sufrir para lograrlo
Tiene que ser algo indispensable para nosotros, algo que no estemos dispuestos a rechazar. La diferencia entre una persona que emprende su viaje y una que no es que la primera es capaz de oír los cantos de sirena —aquellos que nos animan a que no hagamos algo, por nuestro bien— sin que hagan que se desvíe de su rumbo. Los que escuchan los cantos de sirena, alimentan sus dudas y siguen haciendo o viviendo lo mismo esperando que algo ocurra. Van posponiendo su propósito hasta que se quedan sin tiempo para poder realizarlo o lamentándose de no haber tomada la decisión que sentían que debían tomar.

¿De qué forma puedo transformar mis heridas
en un don para ofrecer al mundo?

Pregúntate: ¿Estás dispuesto a entregar tu vida a lo que te apasiona?

No estoy diciéndolo de una forma literal. Tiene que ver con vivir la experiencia de que te desacrediten, te calumnien, te ataquen, te insulten y te amenacen tal como le ocurrió a Allan Kardec, cuya vida es un maravilloso ejemplo de alguien que quedó atrapado en su propósito, cuyo fin era llevar paz y hacer comprender que hay un «antes» y un «después» de lo que llamamos «vida». La película *Soul*, de la que hablé anteriormente, es una fuente de inspiración con relación a este enigma de la vida.

El cuento de la bailarina

Cuenta un relato popular que una joven había tomado clases de *ballet* durante toda su infancia. Había llegado el momento en el que se sentía lista para entregarse a la disciplina que la ayudaría a convertir su afición en profesión. Deseaba llegar a ser primera bailarina y quería comprobar si poseía las dotes necesarias.

Un día, llegó a su ciudad una gran compañía de *ballet*.

Acabada la función, fue a los camerinos y habló con el director.

—Quisiera llegar a ser una gran bailarina —le dijo—, pero no sé si tengo el talento que hace falta.

—Hazme una demostración —le pidió el maestro.

Transcurridos apenas cinco minutos, la interrumpió moviendo la cabeza en señal de desaprobación.

—¡No! Lo siento, pero no tiene usted condiciones.

La joven llegó a su casa con el corazón desgarrado. Arrojó las zapatillas de baile a un armario y no volvió a danzar nunca más. Pocos años después se casó, tuvo tres hijos y cuando estos se hicieron un poco mayores se puso a trabajar en un supermercado de la ciudad.

Años después, el mismo director que tiempo atrás le había dicho que no tenía condiciones para el baile presentaba un nuevo espectáculo en la ciudad y la mujer asistió al estreno.

Acabada la función, se topó con el viejo director, que ya era octogenario. Ella le recordó la charla que habían tenido años atrás. Le mostró fotografías de sus hijos y le comentó de su trabajo en el supermercado y luego agregó:

—Hay algo que nunca terminé de entender. ¿Cómo pudo usted saber tan rápido que yo no tenía condiciones de bailarina?

—¡Ahhh! Cuando usted bailó delante de mí le dije lo que siempre les digo a todas —le contestó el director.

—¡Pero eso es imperdonable! —exclamó ella—. ¡Arruinó usted mi vida! ¡Yo podía haber llegado a ser primera bailarina!

—¡No lo creo! —repuso el anciano maestro—. Si hubieras tenido las dotes necesarias y una verdadera vocación para bailar, no habrías prestado ninguna atención a lo que yo te dije.

Moraleja: evita a los robasueños y no los escuches. Muchos de ellos proyectan en ti aquello que les gustaría hacer, para lo que creen que no tienen aptitudes y piensan que no son capaces de hacer, y les molesta que otros lo hagan.

Hay personas que hacen sentir mal a otras porque de esta manera se sienten mejor. Critican para encubrir sus propios sueños fallidos.

Escena en la barbería de la película *Soul*

Como ejemplo particular, cuando a mis cuarenta y cuatro años decidí estudiar psicología, un amigo mío me dijo: «Cuando termines la licenciatura, ya estarás jubilado». Este comentario, lejos de amedrentarme, me dio fuerza e impulso. Cuando me sentía desfallecer —tenía una familia con tres hijos—, pensaba en él. Poco se imaginó lo importante que fue su apreciación. Gracias desde estas líneas.

¡Cuídate de los robasueños!

Características necesarias

Veamos las características necesarias para fortalecer tu propósito de vida, sea este cual sea.

1. Honradez contigo mismo

Es fundamental saber dónde están tus limitaciones y no jugar a ser quien no eres. Esto es un síntoma de desvalorización. Inspírate en los demás, no hagas lo que ellos hacen; sé tú mismo.

Hay que aceptar nuestra sombra, aquello que creemos que no somos, pero que se guarda en nuestro inconsciente. Hay que acoger nuestras heridas emocionales, las más difíciles de curar por nuestra insistencia en culpar a los demás y en resistirnos a hacer una inversión de pensamiento.

Pregúntate: ¿Soy sincero con los que me rodean?

2. Agradecimiento

A pesar de que la vida te cierre las puertas y las oportunidades desaparezcan, nunca dejes de agradecer, de ser amable, de ser respetuoso.

Vive con gratitud cada experiencia que te proporciona la vida; siempre encierra una enseñanza.

> Hay que acoger nuestras heridas emocionales,
> las más difíciles de curar por nuestra insistencia
> en culpar a los demás.

Si te lamentas de eso de lo que crees que careces, vivirás carencia. Si vives y das las gracias por lo que tienes, vivirás abundancia.

Pregúntate: ¿Soy respetuoso y agradecido con los que me rodean?

3. Disciplina y perseverancia

No todo el mundo va a estar de acuerdo. Muchas veces aquellos que te dicen que te quieren y que te dan «buenos consejos» son obstáculos en tu camino.

Dedica muchas horas a algo sin que necesariamente dé resultados. Esto es algo a lo que hay que habituarse, los resultados muchas veces tardan en aparecer.

> Vive con gratitud cada experiencia
> que te proporciona la vida;
> siempre encierra una enseñanza.

Estuve muchos años haciendo algo que daba sentido mi vida: enseñar y aprender los principios no duales de *Un curso de milagros*. No me proporcionaba ganancias materiales, sino algo muy superior: alimentaba mi alma. Hubo muchos momentos de incomodidad necesarios para ir formándome y estructurando mi psique. La incomodidad es necesaria para crecer y tomar conciencia de la fuerza de nuestra esencia.

Veamos un ejemplo común:

Ejemplo:
Un servidor tiene un amigo cuyo hijo deseaba viajar por el mundo. Mi amigo se quejaba de que no tenía ni oficio ni beneficio. Consiguió que durante un corto período de tiempo trabajara con él en su negocio de construcción y mantenimiento.

Le aconsejé que lo dejará libre y que lo hiciera sin resentimiento alguno, y que le dejara muy claro que siempre podría llamar y pedir ayuda si le hacía falta.

Su hijo viajó con lo justo por todo el mundo. Se ganaba el sustento con pequeños trabajos a cambio de comida o cobijo. Allí donde iba daba lo mejor de sí mismo siguiendo los consejos de su padre.

Un día mi amigo recibió una carta de su hijo donde le expresaba su agradecimiento por todo lo que le había enseñado, que le permitía hacer pequeños trabajos que le proporcionaban recursos para vivir.

Pasados varios años volvió a casa con su pareja. Ella es una chica encantadora, están hechos el uno para el otro. Se los ve muy felices y ambos cargados de una gran experiencia con sus escasos veinticinco años. Hablan diferentes idiomas, entre ellos el noruego, y actualmente están acondicionando una furgoneta para seguir su periplo por el mundo. Hablando yo con él, me di cuenta de lo importantes que somos los padres cuando nos convertimos en un puerto donde nuestros hijos puedan recalar para hacer las «reparaciones» necesarias y proseguir su viaje en la vida.

Pregúntate: ¿Estoy dispuesto a sostener el desacuerdo de otros?

La incomodidad es necesaria para crecer
y tomar conciencia de la fuerza de nuestra esencia.

4. Resiliencia

Es la capacidad de superar las situaciones sin perder tiempo en juzgar a los demás por lo que ocurre y salir fortalecido. La Neurociencia considera que las personas más resilientes tienen mayor equilibrio emocional frente a las situaciones de estrés, pues soportan mejor la presión.

Una persona resiliente ve las crisis como oportunidades para hacer cambios y reinventarse. Son personas que aceptan que los cambios son propios de la naturaleza de la vida.

¿Cuántas personas conoces que se quejan constantemente de lo mismo y que siempre le echan la culpa a alguien de todo lo que les sucede?

> Las decisiones, no las condiciones, determinan quiénes somos.
>
> VIKTOR FRANKL

Pregúntate: ¿Soy capaz de agradecer las dificultades que aparecen en mi vida?

5. Miedo

Pertenece al sistema más primitivo de nuestra psique, es previo a cualquier otra emoción. En la parte más profunda de nuestra estructura cerebral, la primera en desarrollarse; allí es donde se encuentra la amígdala, la principal estructura neuroanatómica del miedo.

Los estímulos se procesan el doble de rápido en la amígdala que en los lóbulos frontales, que es donde trabajamos con los estímulos de forma racional. El miedo humano es fruto de un circuito neuronal entre una parte primitiva, que es la que reacciona con miedo, y una parte más moderna y racional, que lo retroalimenta y justifica.

Podemos usar la corteza cerebral para:

- Justificar nuestros miedos, darles forma y convertirlos en verdad.
- Relativizarlos, entenderlos y superarlos.

Lo más importante es saber utilizar la fuerza y el poder del miedo. El miedo es el mayor catalizador que existe para la toma de decisiones. El miedo marca aquello que cada cual tiene por trascender en su vida, su proceso personal y particular de desarrollo.

El miedo nos conecta precisamente con nuestros objetivos y deseos, pero cuando es desmedido o se hace crónico, genera justo lo contrario. El miedo vive de su contrapunto, el deseo. «Deseo y miedo» es la paradoja que, cuando sabemos utilizarla, nos empuja a otro estado mental y nos lleva a abrir la mente y a tomar decisiones.

> El miedo se alimenta del caos, de la indeterminación,
> de los monstruos sin forma. Darle forma, racionalizarlo,
> es básico para superarlo.

La gestión del miedo es fundamental para encontrar y desarrollar nuestro propósito o proyecto de vida. Hay que darle espacio, observarlo. Prestarle atención y no indagar en ello nos llevará inevitablemente al bloqueo, a la repetición de situaciones, a la queja y al lamento. Nunca debemos olvidar que detrás del miedo hay un deseo.

Veamos otra paradoja que nos enseña el miedo: preocuparse y ocuparse. El miedo no se puede gestionar cuando es caos; cuando le ponemos cara, nombre y lo hacemos descender a lo terrenal, es una situación más. El miedo se alimenta del caos, de la indeterminación, de los monstruos sin forma. Darle forma, racionalizarlo es básico para superarlo.

Ejercicio:
Observa tu impulso, tu deseo, tu senda hacia tu «mundo especial». Tu propósito.

Paso 1. Piensa en un salto al vacío que no te atreves a dar y escríbelo.
Paso 2. Observa tu sensación física cuando piensas en esa situación.
Paso 3. ¿Qué te dices/te dicen para que no lo consigas?

Paso 4. Piensa en tres personas que hayan influido muy positivamente en ti a lo largo de tu vida. (Puedes conocerlas o pueden ser personajes de ficción). Tómate tu tiempo y apunta su nombre en un papel.

Paso 5. Cierra los ojos, sitúa a esas personas una a una delante de ti. Diles las frases que has escrito antes y se las manifiestas también a los cantos de sirena: a las personas que, por tu bien, te dicen o te aconsejan que no hagas aquello que deseas hacer. Como, por ejemplo, cuando quieres divorciarte y un grupo de amigas o amigos te aconsejan que no lo hagas por diversas razones.

Paso 6. Observa qué te responden y escribe sus respuestas en el mismo papel, junto a los cantos de sirena.

Paso 7. Cierra los ojos y visualízate llevando a cabo tu propósito con esos tres mensajes integrados. Observa tu sensación física: ¿ha cambiado?

· RECORDEMOS ·

- Tu propósito debe ser tuyo; evita querer gustar a nadie. Haz aquello que sientes que debes hacer y no aquello que los demás esperan que hagas.
- No entres en comparaciones; tu función no es juzgar si tu propósito es mejor o peor que otros. Siente la fuerza de tu propósito, que guía tu vida, y simplemente mantén el canal abierto.
- Sal de tu zona de confort, explora nuevos entornos. Atrévete a indagar otros escenarios. Déjate sorprender.
- No tengas prisa, da pequeños pasos, deja que todo vaya manifestándose en tu sendero. Todo tiene su momento. No pongas expectativas, pues se convertirán en limitaciones.
- Recuerda que los fracasos, también llamados errores, son preludio de éxitos futuros.
- Céntrate en hacer algo, por pequeño que sea, para el bienestar de los demás.
- Cuídate de los robasueños. Escucha a tu corazón, siente la fuerza que te empuja en el camino.
- El altruismo, la benevolencia, la amabilidad y la cooperación son valores muy poderosos.
- Vive en «el aquí y el ahora». Cada instante de tu vida es la expresión de los actos realizados previamente. Libérate del pasado utilizando la fuerza del perdón. Todo es un aprendizaje continuo.
- Libérate de la tentación de las garras del reconocimiento o aprobación. Tu vida, hagas lo que hagas, siempre tendrá luces y sombras.
- Pon todo tu afán en lo que estés haciendo. Da lo mejor de ti mismo en cada acción, busca la excelencia, vive con humildad sabiendo que hay una inteligencia superior.

CAPÍTULO VIII

LA ABUNDANCIA ES TU ESENCIA

La abundancia es lo único que existe, es la única realidad.

La abundancia vive en la paradoja «abundancia de todo y abundancia de nada».

La abundancia está en correlación con tu conciencia, con tu estado mental.

Cuando hablo de «abundancia» me refiero a todas las dimensiones del ser humano:

- Salud física y mental.
- Creatividad.
- Capacidad económica.
- Realización de una vocación.
- Relaciones de pareja.
- Espiritualidad.
- Vivir con paz interior.

> La abundancia está en correlación con tu conciencia,
> con tu estado mental.

Este capítulo tiene por objetivo tomar conciencia de que podemos calificar las experiencias como buenas y malas, sin ser conscientes de que muchas veces las llamadas «malas» esconden un poder más grande que las llamadas «buenas».

El universo manifiesta una abundancia de energía que siempre está a nuestra disposición, a la espera de su manifestación en función de la conciencia que la utilice.

Al final todo se resume en un estado de conciencia. *Un curso de milagros* lo expresa de una forma diáfana cuando nos dice:

> Causa y efecto no son cosas separadas, sino una sola [...] Esta es la ley de la creación: que cada idea que la mente conciba solamente sirva para aumentar su abundancia y nunca para disminuirla. Esto es tan cierto con respecto a lo que se desea vanamente como con respecto a lo que la voluntad dispone verdaderamente, ya que la mente puede desear ser engañada, pero no puede hacer de sí misma lo que no es.[23]

Si hacemos un alto en el camino, nos quedamos en silencio y dejamos de escuchar la palabrería del ego, aquietando nuestra mente para así poder escuchar nuestro corazón, comprenderemos que nuestra mente está conectada a una «matrix», como nos diría Max Planck, una matriz inteligente que nos proporciona experiencias en función de nuestra conciencia y siempre bajo la ley de la paradoja, pues esta es el vínculo entre los aparentes opuestos que rigen el mundo de la dualidad y de la teórica separación.

No seamos como el pez joven que busca el océano y que cuando se le dice que ya está en él, contesta: «¡pero si esto es agua!». O, como nos diría el gran maestro sufí Rumi: «Solamente uno entre un millón comprende que una gota del océano contiene todo el océano».

Somos una gota de conciencia —dualidad— en un océano de Consciencia —unidad—. La Consciencia se observa a sí misma a través de sus infinitas partículas de conciencia y esta proporciona a cada una de ellas experiencias y situaciones que resuenan consigo mismas. Por eso es tan importante saber vivir en la mentalidad paradójica, la que une los opuestos y no los separa. Aquí reside el secreto de la abundancia, en saber que esta siempre se manifestará entre luces y sombras.

— EL MUNDO ES HERMOSO GRACIAS A LOS SOÑADORES Y VISIONARIOS —

La conciencia de la riqueza y todas sus actividades es un estilo de vida, no algo que se haga ocasionalmente. Una de las claves de la abundancia es hacer abundantes a los demás, proporcionarles distintas maneras de ver y vivir cada experiencia de la vida. Demostrar que si ponemos al servicio de los demás el poder que anida en nuestro corazón retornará a nosotros, pues es imposible dar algo a alguien sin dárnoslo a nosotros mismos.

Cuando tengas buenas ideas e inspiraciones, escríbelas de inmediato. Quizá el mejor momento para obtener inspiración sea un estado de vigilia, cuando te despiertas por la mañana, como es, por ejemplo, mi caso. Este momento es para mí el más elevado punto de inspiración y puedo prolongarlo a lo largo de toda una mañana. En este momento puedo establecer diferentes metas y soltarlas a esta consciencia sin apego ni espera de resultados.

En su día se me ocurrió la «estrella de la abundancia». La idea es poner en cada una de sus puntas diferentes metas; algunas las dejaba vacías para que el ser las manifestara. La entregué al mundo, la compartí a través de mis conferencias y seminarios. Recibí muchos agradecimientos y tengo testimonios realmente espectaculares y maravillosos llenos de gratitud infinita.

Esto es abundancia: si quieres ser abundante, enseña abundancia, comparte abundancia, da sin mirar a quién, mantente siempre dispuesto a recibir, pero no a reclamar. Todo reclamo es creer que sabes lo que es mejor para ti; esto es absolutamente falso. Una mente que vive en la abundancia siempre da lo máximo de sí misma en todo momento.

La máxima meta de la vida es expresarse a sí misma a través de uno mismo y debes hacerlo sin esfuerzo, siguiendo exactamente tus intenciones y creencias. Cuida tu mente, abre tu conciencia a este Todo que nos contiene. Vive como si cada día fuera tu último día aquí en la Tierra. Libérate de todo rencor, limpia tu alma de esta miasma de rabia, ira, cólera y resentimiento que la atenaza.

Una mente que vive en la abundancia
siempre da lo máximo de sí misma
en todo momento.

No separes tu vida financiera y tus metas del resto de la vida, ya que las metas financieras son solo el medio hacia un fin, no el fin en sí mismas. Recuerda: el dinero es una sombra del valor, un medio de cambio. Tus metas deberían estar en el valor del intercambio, no en el dinero, que es la sombra.

La conciencia de abundancia es saber que siempre tendrás lo que necesites, porque sabemos que somos un campo de consciencia dentro de un campo infinitamente mayor. Estamos desarrollándonos para ser unos observadores conscientes con relación a nuestra manera de ver los acontecimientos que vivimos. Estamos autoindagándonos, evitando proyectar la causa al exterior. Somos conscientes de las limitaciones de nuestras creencias y pensamientos, y de que hay muchas capas o niveles de comprensión.

Cuida tu mente, abre tu conciencia a este Todo
que nos contiene.

La gente sin conciencia de la riqueza es incapaz de volverse rica, aun cuando reciba una cantidad enorme de dinero en la lotería. Vive con el miedo a una posible pérdida, acumula bienes, y no disfruta de su estado económico.

La abundancia sigue a aquellos que tienen conciencia de la riqueza y no al revés. La conciencia de la riqueza proviene de estados y pensamientos de prosperidad y riqueza, plenos de confianza. No te permitas tener pensamientos de pobreza, limitaciones, duda y escasez, ni adentrarte en estados de miedo y descreimiento.

De la abundancia Él tomó abundancia y aun así la abundancia continuó.

Upanishads

Un secreto para vivir en la abundancia:

Muchos persiguen la abundancia y otros la crean. Los primeros están en la carencia y los segundos, en la abundancia. ¿Quién eres tú? Cuando creas abundancia para los demás, solo te queda una acción posible: rendirte.

Rendirte implica que dejas, entregas las situaciones de tu vida a la Consciencia universal. Sabes que estás donde debes estar y entonces das lo mejor de ti mismo. Si eres barrendero, barre con todo tu corazón.

Un ejemplo:

Ejemplo

David era pobre como las ratas. Desde pequeño dormía en casetas telefónicas. Vendía globos para poder sobrevivir. Siempre le rezaba a Dios: «Dame algo que hacer y lo haré con todo mi corazón. Si tengo que vender globos, seré el mejor». Hace cuarenta años que conduce un taxi, es feliz y nunca ha tenido ni un rasguño. Me explicaba que antes trabajaba en una fábrica, que daba lo mejor de sí mismo; quería casarse, pero no tenía dónde vivir ni dinero para adquirir una vivienda. Él seguía pidiéndole a Dios y se entregaba a lo que fuera. La empresa, un año, decidió premiar a los empleados –más de dos mil– más eficientes y entregados en el trabajo, y el premio era un piso. Sí, David recibió un apartamento y se casó.

— BIENVENIDO, QUERIDO FRACASO —

El fracaso es, verdaderamente, un momento de éxito; un momento de éxito por derecho propio. Cuando se utiliza sin miedo, como un proceso de aprendizaje, el fracaso elimina la debilidad y fortalece el pensamiento y el carácter.

En tus horas más oscuras, cuando te percatas de que has cometido errores, siempre tienes dos opciones: culpabilizarte y castigarte emocionalmente u observar la situación con otros ojos y preguntarte qué has aprendido asumiendo el coste del error, que será el impulso de una ganancia futura. Tus peores momentos son, con frecuencia, tus mayores liberadores, tus maestros más elevados.

Tengo unos amigos que se han arruinado dos veces y en la actualidad regentan un negocio de restauración y de alimentación que les funciona de maravilla. Ninguno de los dos tiene estudios superiores, pero sí muchas ganas de trabajar y aprender de los fracasos. Mientras la escuchaba a ella con mucha atención, me decía que veía claramente cuáles son los factores que hay que cambiar para que un negocio funcione y aseguraba que habían aprendido de sus muchos errores, pero que siempre habían confiado en que los errores los ayudarían, como así ha sido.

> Tus peores momentos son, con frecuencia,
> tus mayores liberadores,
> tus maestros más elevados.

Según ella, todos los clientes comparten unas necesidades comunes, a saber:

- Estar relajados y recibir consejos sobre el menú.
- Unos buenos aseos.
- Ver cómo se cocinan sus platos.
- Que no haya mucho ruido.
- Un servicio rápido y atención personalizada.
- Precio justo, no sentirse robados.

La historia que me contaron mis amigos, con sus momentos de abundancia y sus momentos de derrota y ruina, me hizo recordar que solo tenemos un cliente. Podemos evitar errores si recordamos la regla básica de que solo tenemos un cliente al que servir y agradar, y el nombre de ese cliente es «naturaleza humana».

Mi mujer y yo hemos pasado por momentos de carencia económica, pero nunca nos hemos desanimado. Hemos aprendido, y mucho, de nuestros errores y fracasos. Hemos confiado en gente que era muy desconfiada. Hemos dado poder de acción a personas prepotentes e incompetentes. Nos hemos perdonado y hemos aprendido la lección. Seguimos confiando en la gente, asimilamos toda la enseñanza de la naturaleza humana, que vive entre las luces y las sombras. Nos dimos cuenta de que cuando empiezas a vivir una vida abundante, cuando sacas la cabeza del lodo, se activan los celos y la envidia de los que están sumergidos en él. Estos harán todo lo posible para evitar tu éxito o para aprovecharse de él; quieren hundirte en el lodo si ellos no pueden salir de él.

Una fuerza que te llevará al éxito es la que mostraron mis amigos y la que vivimos mi mujer y yo: la confianza en uno mismo, que proviene de la certeza de estar conectado con un orden superior. Para mí esta es la máxima expresión de abundancia y, por supuesto, reside en cada uno de nosotros.

A menudo, en tu hora más oscura, yace la mayor oportunidad de ser todo lo que puedes ser. Te repito: puedes convertir tus peores momentos en tus mayores liberadores, en tus maestros más elevados. No batalles ni te resistas a ellos cuando te lleguen. En su lugar, examínalos para hallar las lecciones que contienen y la liberación que conllevan. El sufrimiento es siempre un indicador de un pensamiento errado, muchas veces cargado de culpabilidad. El sufrimiento te paraliza y te hunde en las oscuridades de tu psique.

El fracaso es éxito; es lo mismo, pero en extremos diferentes del espectro, el espectro del logro. Es como caliente y frío: son diferentes extremos del espectro de la temperatura en un termómetro. El éxito y el fracaso son diferentes vibraciones de la misma cosa. El fracaso no es fracaso como tal, solo es fracaso cuando lo aceptas como el fin, si lo aceptas en tu mente. Pero si lo aceptas como una parte bendita del proceso, una parte que te ayuda a tener más éxito, experimentarás cómo es el sabor del éxito que viene y entonces sabrás que nunca puedes fracasar, nunca. El fracaso es una ilusión. Deja de temerlo; ámalo por los regalos que te trae.

El trabajo es amor hecho visible. Si no puedes trabajar con amor sino solo con repugnancia, es mejor que dejes tu trabajo y te sientes en la puerta del templo a pedir limosna a quienes trabajan con alegría.

Khalil Gibran

El fracaso es una ilusión.
Deja de temerlo;
ámalo por los regalos que te trae.

— CUIDA EL ALIMENTO DE TU MENTE —

Observa las creencias que estás retroalimentando, los pensamientos que pululan por tu mente, para hacerte consciente de cómo estos crean tu realidad.

Veamos algunas creencias inoculadas, muchas de ellas en etapas muy sensibles, como son la infancia y la adolescencia:

- «Es más fácil pasar un camello por el ojo de una aguja que entrar un rico en el Reino de los Cielos.»[24]
- El dinero es sucio, degrada a la gente.
- El poder es corrupto.
- El dinero no se coge de los árboles.
- La pobreza es una cualidad espiritual.
- No presumas si tienes dinero.
- Todos tienen un precio.

Las creencias tienen su función: buscan la rutina y la tradición, y nos protegen de un posible caos. Las creencias crean una adicción, pues regulan las fuerzas emocionales y las sostienen. Las personas se agarran a las creencias y anatemizan a todos aquellos que las cuestionan, porque los perciben como el caos.

La desaparición de las creencias colectivas hace que la vida sea caótica, miserable e intolerable. Necesitamos rutina y tradición, es algo importante para dar seguridad y orden, pero en exceso nos bloquea; para contrarrestar esta polarización surge el caos, pero en exceso puede ahogarnos. La rigidez mental nos lleva a la crisis de valores establecidos. El exceso de desorden —vivir sin orden ni respeto, donde todo vale— nos lleva a un orden impuesto, a las dictaduras.

El exceso de orden —la rigidez— nos lleva al desorden y este nos devuelve al orden.

Veamos la reflexión de la reina de Corazones en *Alicia a través del espejo*, que refleja —nunca mejor dicho— lo que quiero explicar, dejándolo claro con otra paradoja, cuya premisa es «nadie triunfa quedándose quieto»: «En mi reino necesitas correr con todas tus fuerzas si pretendes permanecer en el mismo lugar».

Cuidar tus emociones y tus pensamientos se convierte en algo esencial, pues se alimentan de tus creencias y estas pueden hacerte vivir la vida en un bucle. La reina de Corazones nos quiere decir esto, aunque no lo parezca; se refiere a que si eres creativo, si te renuevas, mantendrás tu posición. Por eso, si quieres mantener un estatus, un estado, un proyecto, debes levantarte cada día y moverte; así el proyecto se mantendrá y no será víctima del caos, de la entropía —segunda ley de la termodinámica— que establece la irreversibilidad de los fenómenos físicos. Sostiene que todos los procesos que ocurren en el universo se realizan de manera que siempre aumenta el desorden, y por tanto la entropía.

La entropía que, como digo, tiende al desorden, nos impulsa a renovar constantemente los bastiones que sostienen el proyecto. La biología hace lo mismo, va regenerándose para no moverse, luchando contra la entropía. La frase «renovarse o morir» refleja a la perfección esta idea. Todo debe renovarse, reequilibrarse, encontrar nuevos objetivos, ideas, sueños. Cuando uno siente que ha llegado, empieza a morir.

Los estados de ánimo y la salud están intrínsecamente relacionados con la importancia de gestionar nuestras emociones y cuidar nuestras percepciones, como nos indica el doctor Mario Alonso Puig en su libro *Reinventarse*:

¿Qué les parecería si les dijera que nuestros estados de ánimo pueden afectar a nuestra genética? La doctora Elisabeth Blackburn es una de las máximas autoridades en el mundo en el estudio de los telómeros y, de hecho, ha ganado el Premio Nobel de Medicina y Fisiología por sus estudios científicos. Nosotros sabemos que tenemos unas estructuras que se llaman «cromosomas» y que tienen forma de X. Dentro de los cromosomas está el ADN y sus unidades fundamentales se llaman genes [...] cada extremo de esta X está envuelto por una especie de capuchón llamado «telómero». La función de este es evitar que el cromosoma se desfleque, ya que, si esto sucede, la vida del cromosoma se reduce y, por lo tanto, la persona envejece más rápidamente. Como los telómeros se van desgastando con el tiempo, hay una enzima en el interior del núcleo de la célula que es donde están los cromosomas y que se denomina «telomerasa», cuya función es repararlos. Lo interesante es que se han visto niveles menores de telomerasas en personas que están atrapadas en estados de ánimo disfuncionales.[25]

El doctor Alonso resalta la importancia de tener relaciones de calidad, lo que implica una gestión emocional y una comunicación de calidad con nosotros mismos, para empezar, que se reflejará en nuestro entorno. Recalco aquí la importancia de desarrollar la asertividad, de evitar caer en pesimismos y conductas autodestructivas que implican querer cambiar o manipular a otros, o que nos manipulen.

La famosa y vieja excusa del «si...»

Napoleón Hill nos previene de que tenemos que evitar caer en la trampa de creer que sabemos por qué hemos fracasado. Nos habla de las 55 excusas, como, por ejemplo, «si tuviera suficiente empuje...», «si dispusiera de tiempo...» y así casi hasta el infinito.

Voy a contarte un cuento del maestro Víctor Manuel Cruz Castañón, titulado *Leticia, piojos y cuentos*, sacado de las redes. Lo dedico a todas aquellas personas que tienen la mente llena de excusas y de los famosos «si...». Quiero recalcar la importancia del uso de las palabras y de potenciar la imaginación de los niños.

Leticia fue mi alumna en la escuela Justo Sierra, en plena sierra. Tenía once años de edad. Once años conociendo las carencias y la mugre de la vida. Siempre con la misma ropa, heredada por una tradicional necesidad familiar. Once años batallando con los bichos de día y de noche. Con una nariz que como vela escurría todo el tiempo, con el pelo largo y descolorido sirviendo de tobogán a los piojos. Aun así, era de las primeras en llegar a la escuela. Tal vez iba por los momentos necesarios para soñar que era lo que no era; aunque enfrentara el rechazo y el asco de los demás.

A la hora del trabajo en equipo nadie la quería. No le dieron la oportunidad de demostrar lo inteligente que era: el repudio fue lo que Leticia conoció. Me desconcertaba el hecho de ver que algunos varones con características semejantes a las de Leticia eran aceptados por el resto de las niñas y los niños, pero no ocurría lo mismo con Leticia y las niñas. A mí solo se me ocurría hacer recomendaciones que nunca atendieron.

En ese tiempo me preguntaba: ¿de qué sirve leer cuentos a esos niños que no han comido?; ¿servirá de algo alimentarlos con fantasías? Yo creía que sí, pero no sabía hasta dónde. Constantemente les brindaba relatos, sobre todo en la mágica hora de lecturas, dos veces por semana. Un día conté *La Cenicienta* y cuando llegué a la parte en que el hada madrina transformó a la jovencita andrajosa en una bella señorita de vestido vaporoso y zapatos de cristal, Leticia aplaudió frenéticamente el milagro. Había una súplica en su rostro que provocó la burla de los que no tenían la misma capacidad ni la misma necesidad de soñar. Esa vez hubo recomendaciones y regañinas.

En otra ocasión, les pregunté a mis alumnas y alumnos qué querían ser cuando fueran grandes. Y el cofre de sus deseos se abrió ante mí: alguien quería ser astronauta, aunque al pueblo ni el autobús llegaba; otros querían ser maestros, artistas o soldados. Cuando le tocó el turno a Leticia, se levantó y con voz firme dijo: «¡Yo quiero ser doctora!», y una carcajada insolente se escuchó en el salón. Apenada, se deslizó en su asiento invocando al hada madrina que no llegó.

Mi labor en esa escuela terminó junto con el año escolar. La vida siguió su curso. Después de quince años, regresé por ese lugar, ya con mi nombramiento de base. Hasta aquel momento había algunas respuestas y otras preguntas. Las buenas noticias me abordaron en autobús antes de llegar al cruce en el que hacían transbordo los pasajeros que iban al otro pueblo. Llegaron de la mano de una señorita vestida de blanco.

—¡Usted es el maestro Víctor Manuel...! ¡Usted fue mi maestro! —me dijo sorprendida y sonriente—. El que podía encantar serpientes con las historias que contaba.

Halagado, contesté:

—Ese soy yo.

—¿No me recuerda, maestro? —preguntó, y continuó diciendo con la misma voz firme de otro tiempo—: Yo soy Leticia... y soy doctora...

Mis recuerdos se atropellaron para reconstruir la imagen de aquella chiquilla que en otro tiempo nadie quería tener cerca.

Se bajó en el cruce y dejó, como Cenicienta, la huella de sus zapatillas en el estribo del autobús... Y a mí con mil preguntas. Todavía alcanzó a decirme:

—Trabajo en Parral... Búsqueme en la clínica...

Y se fue.

Un día fui a la clínica que me había dicho y no la encontré. No la conocían ni la enfermera ni el conserje. ¡Era demasiada belleza para ser verdad! «Los cuentos son bellos, pero no dejan de ser cuentos», me lamentaba. Arrepentido de haber ido y casi derrotado, encontré a la directora de la clínica y hablé con ella. Lo que me dijo revivió mi fe en la gente y en la literatura:

—La doctora Leticia trabajaba aquí —me contó—. Es muy humana y tiene mucho amor por los pacientes, sobre todo por los más necesitados.

—Esa es la persona que yo busco —casi grité.

—Pero ya no está con nosotros —dijo la directora.

—¿Se murió? —pregunté ansioso.

–No. La doctora Leticia solicitó una beca para especializarse y se la concedieron... Ahora está en Italia.

Leticia sigue aprendiendo más y enseñando sus secretos para luchar. Yo sigo queriendo saber hasta dónde llega el poder de las palabras; ¿cuál es el sortilegio para encantar a las serpientes que muerden a los descobijados? Como profesor, ¿qué puedo hacer para equilibrar la balanza de la justicia social ante casos parecidos? ¿Cuándo empezó el despegue de los sueños de Leticia en cuanto al resto de sus compañeras y compañeros? ¿Dónde radica la fortaleza de las mujeres que superan cualquier expectativa?

Ya no quiero ser el maestro de Leticia: ahora quiero aprender. Quiero que me enseñe cómo evoluciona una oruga hasta convertirse en ángel y, sobre todo, quiero descubrir cuál fue la varita mágica que la convirtió en la princesa del cuento.

Lo único que puedo decir: gracias, universo.

El tesoro de la paradoja «Trabajo y tiempo libre»

Como dijo Eric Rolf: «cuando alineas sin miedo tus pensamientos con tu propósito de vida, te conviertes en una poderosa fuerza creativa». Cuando trabajas dentro de tu propósito, tu trabajo deja de ser un trabajo, se convierte en un placer y se vuelve vida. La frontera entre trabajo y diversión se disuelve; has trascendido la paradoja.

Dicho de otra manera: trabaja en lo que más amas; ama aquello en lo que trabajes.

No deberíamos olvidar lo que nos dice el doctor David R. Hawkins con relación al éxito, que es sinónimo de abundancia: «La felicidad, como el éxito, es la consecuencia automática de vivir de cierta manera, de relacionarnos con nosotros mismos de cierta forma y de tener determinada consciencia».

Ante esta afirmación, una mente dual se preguntará: ¿cómo?, ¿de qué manera? Estas preguntas dejan claro la conciencia de quien las hace, que cree y piensa que el éxito y la felicidad están fuera y que debe haber algún camino, algún modo de acceder a ellas. Las mentes que viven en la dualidad, o sea, la conciencia de separación, siempre buscan la solución afuera y preguntan cómo, cuándo y de qué manera. Craso error, pues este nivel de conciencia —dual— vive con una creencia letal: la necesidad. Tiene la creencia de que ambos (éxito y felicidad) son logros, algo que no está en nosotros, sino que para obtenerlos necesitamos algún tipo de destreza o habilidad escondida en algún lugar solo accesible para algunos iniciados.

> Cuando trabajas dentro de tu propósito,
> tu trabajo deja de ser un trabajo,
> se convierte en un placer y se vuelve vida.

La felicidad no consiste en adquirir algo nuevo, sino en saber vivir con una mentalidad paradójica, saber vivir en la indeterminación. Se adapta a cualquier circunstancia, hace del esfuerzo un logro lleno de gratitud. Encuentra alegría en lo que se hace y cualquier esfuerzo lo convierte en un estado de bienestar emocional. Luego puedes tomarte una copa de buen vino con una mente llena de gratitud. La felicidad es un instante que puede convertirse en eterno. Es saborear el aquí y el ahora dejando que la vida vaya expresándose a lo largo del camino. Es estar siempre presente.

La felicidad vive perfectamente en el caos, lo gestiona para erigir un nuevo orden en la mente. Este estado acaba reflejándose en nuestra corporalidad y en nuestra salud a todos los niveles.

Tengamos siempre presente, y esto requiere un hábito de pensamiento, que la Consciencia o inteligencia universal contiene unas fuerzas que crean un dinamismo no lineal. Este es el caso de muchas relaciones de la naturaleza, como la atracción de una abeja hacia una flor, que sin embargo contienen un equilibrio. Un sistema no lineal puede ser la esencia del caos, como explica un verso tradicionalmente asociado a Benjamin Franklin —si bien antecedentes de la misma idea la remontan al siglo xv— y que se conoce como «Por culpa de un clavo...»:

Por culpa de un clavo se pierde la herradura.
Por culpa de la herradura se pierde el caballo.
Por culpa del caballo se pierde el jinete.
Por culpa del jinete se pierde el mensaje.
Por culpa del mensaje se pierde la batalla.
Por culpa de la batalla se pierde el reino.

Esta composición ofrece la idea intuitiva de la importancia de las condiciones iniciales, que es la huella de un movimiento caótico.

La idea que estoy exponiendo consiste en recalcar la importancia de nuestros pensamientos, sentimientos y emociones como las condiciones iniciales que generarán un movimiento que se expresará como orden/desorden en diferentes momentos de nuestras vidas. Diversas redes neuronales resonarán con las emociones de los demás, los pensamientos y las creencias.

Una mente que vive en la no linealidad desarrolla unas cualidades como flexibilidad, adaptabilidad, innovación y capacidad de reacción. Es consciente de que pequeños cambios pueden provocar grandes efectos. Otra característica relevante de una mente que vive en la no linealidad es la de saber vivir y gestionar situaciones caóticas.

Atención a nuestros hábitos

Veamos algunos hábitos con relación al pensamiento y recordemos que el universo no valora, pues no tiene sentido valorar algo cuando él lo es todo. Solo lo hace una mente dual, una mente que vive en la necesidad, en la carencia, en la conciencia de la separación.

Nos agarramos a nuestras creencias, a nuestras historias, a nuestras mezquindades y luego nos preguntamos por qué nos pasan ciertas cosas. La respuesta es obvia: son creaciones de nuestra conciencia que las manifiesta en nuestra vida la Consciencia universal.

Si en nuestras relaciones interpersonales sostenemos un día sí y otro día también situaciones caóticas, es porque estamos apegados a unas historias que están sostenidas por nuestras creencias, las cuales muchas veces se nos han inoculado a edades muy sensibles.

El ser humano percibe su entorno como hechos o posibilidades; en el primer caso, se trata de circunstancias que creemos que no podemos cambiar, como, por ejemplo, que nuestro padre nos abandonara, mientras que, en el segundo, sí que creemos que podemos cambiarlas, como, por ejemplo, tener un nuevo trabajo. Estas percepciones nos llevan a una serie de estados de ánimo:

- Si nos oponemos a los hechos, estos nos llevan al **resentimiento** y no entramos mentalmente en la comprensión de para qué nuestro padre nos abandonó y qué pasaba en su vida.
- Si nos oponemos a las posibilidades, estas nos llevarán a la **resignación**. Es un estado mental que muchos expresan como «soy realista». Con relación al trabajo, nos quedamos encerrados en nuestra zona de confort por miedo al cambio, a la incertidumbre. Y la resignación nos lleva al sufrimiento.
- Si aceptamos los hechos, conseguimos un estado de estabilidad emocional y paz.
- Si aceptamos las posibilidades, nos lleva a la acción, a la ambición, al cambio.

La paradoja «aceptación y apego»

La aceptación nos lleva a un estado de equilibrio emocional saludable en el que la clave es la aceptación de uno mismo, lo que nos lleva a otra paradoja: «Cuando me acepto a mí mismo como soy, entonces puedo cambiar».

Adentrémonos un poco más en la **aceptación**. Es un estado emocional que nos lleva directamente a la liberación. Su contrapunto es el **apego**.

La aceptación nos lleva a la armonía. Nos sentimos seguros. Podemos estar al servicio de los demás sin caer en la trampa del sacrificio. La persona que vive en la aceptación siente que no hay que cambiar nada, sabe estar a la espera, comprendiendo que todo tiene su razón de ser; hay un «saber», una comprensión detrás de cada situación. No tiene que ver nada con la resignación, pues esta nos lleva directamente al dolor, al sufrimiento y al apego. Detrás del apego se encuentran la inseguridad, los celos, la posesividad, el «te quiero», el «sin ti no puedo vivir». El apego es lo complementario a la libertad, al respeto, al compartir, al dejar ser, a no inmiscuirte en la forma de pensar o de actuar, por ejemplo, de tu pareja o tu familia.

La aceptación es generosidad, comprensión, empatía. El apego es egoísmo, miedo, frustración y siempre provoca pérdida. La aceptación nos lleva a la libertad emocional, a la abundancia de ser fieles a nosotros mismos. La libertad emplea el deseo como una fuerza de acción.

El apego es el origen de la pobreza. Cuando sientes apego hacia algo o alguien, hay miedo a perder, hay necesidad, carencia. Este es el mensaje que envías al campo: «no tengo». Cuando más necesitas aferrarte a algo —un ídolo— es cuando tienes que pensar en dejarlo ir.

Ambas polaridades se complementan para evitar caer en el «infierno» de una de ellas. Caer en la aceptación puede llevarte a la inacción, a no tomar ninguna decisión, a soltarte, a creer que aceptar es no hacer nada. También puede llevarte a la trampa de no contar con nadie y creer que es una actitud positiva, que te libera del sufrimiento. El «infierno» del apego es depender por completo del otro. Sin el otro no puedo vivir. Es la máxima expresión de la inmadurez, aspecto que también refleja el exceso de la aceptación. Ambas polaridades en sus extremos son inmovilistas.

La mentalidad paradójica te llevará a un estado mental en el que comprenderás que aceptar una situación implica también estar pendiente de ella. Entonces surgirá la acción más coherente. Déjate sorprender, deja el control y vive en la paradoja.

Hagamos un pequeño ejercicio:

Recordemos que el Campo es como un eco, te devuelve tu mensaje con creces, con abundancia.

Cualquier cosa a la que le prestes atención recibe energía y crece; retírale la atención y se desvanece. Observa el mundo que te rodea: tu familia, tu pareja, tus amigos, tu trabajo, cuando conduces tu coche en un atasco... Observa sobre todo los pensamientos que se manifiestan en tu mente.

Al observar tus pensamientos con una atención sin juicio alguno, te darás cuenta de que estás observando tu programación. Y lo que es más importante, no vas a caer en la trampa de reforzar estos pensamientos. No son tuyos, aunque hasta ahora pensabas que sí. La mente es el espejo en el que se reflejan unas imágenes –pensamientos– que crees que son tuyos, cuando en realidad son la manifestación de una forma de ver y entender la vida.

Por lo tanto, querido lector,

¿a qué le prestas atención?

Somos consciencia. No hay nadie allí dentro pensando. El gran error es identificarte con estos pensamientos y decir «es que yo soy así».

Déjate sorprender, deja el control
y vive en la paradoja.

Después de todos estos años de autoindagación, soy perfectamente consciente de que esta afirmación, «yo soy así», es falsa. Yo he sido muchos «yo soy así». Somos información, nunca olvidemos esto, pero tampoco olvidemos que no somos información. La paradoja es posibilidades e información o, dicho de otra manera, probabilidades y manifestación.

Ahí lo dejo, querido lector. Espero que a lo largo de este libro hayas encontrado el equilibrio entre soy información y no soy información.

Bueno, te lo voy a decir: cuando eres plenamente consciente de que eres información, el solo hecho de hacerla consciente hace que, aunque siga estando ahí, tú ya no seas esa información porque has creado otra.

Como podemos ver, toda paradoja nos lleva al movimiento, sobre todo al movimiento del pensamiento, de cambio de creencias y de valores. Nos lleva a la reflexión. Como se ha expuesto a lo largo de este libro, vivir con mentalidad paradójica es un preludio de salud mental y, por descontado, de salud emocional. Con ella desarrollamos la capacidad de autocrítica, de aceptar un *feedback*, de aumentar nuestra resiliencia, de estar aprendiendo constantemente y, por ende, favorecer nuestra plasticidad neurológica. Todo ello resonará en el campo universal y conformará nuestras experiencias.

Aceptar es la base de una vida emocional saludable. La capacidad de declarar tu aceptación, acompañada de su complementario, el apego, te permite estar en el centro, en una competencia emocional que puede aprenderse, fortalecerse y cultivarse. Te permite salir del resentimiento, la resignación, la preocupación, la ansiedad, la culpa y la vergüenza. Todos estos estados emocionales son hijos del apego, del deseo de querer que las cosas sean de una manera concreta. El equilibrio aceptación-apego te lleva a estar conectado con tu potencialidad, tus capacidades innatas. La aceptación, por lo tanto, no es pasividad, es sencillamente no posicionamiento, pues conlleva siempre corregir desequilibrios perceptivos.

La aceptación se desarrolla frente a las adversidades, no se apega al «pobre de mí», a la queja, pues todo ello es necesidad; requiere una mente dispuesta a seguir aprendiendo y creciendo. La aceptación como desapego es una actitud de retirada emocional de los asuntos del mundo, que nos lleva a la serenidad y a la paz mental. La aceptación se sustenta en el rechazo a la seducción emocional que nos provocan los disgustos y los problemas de otras personas. Con el desapego se observará que la mayoría de la gente disfruta del melodrama de su vida. No caigamos en el error de confundir desapego con indiferencia. El desapego permite una participación plena en la vida sin intentar controlar los resultados.

Veamos un recurso para salir del «infierno» del apego. Es preciso hacerse una pregunta clave para salir de cualquier bloqueo emocional: «¿Para qué?».

La aceptación, por lo tanto, no es pasividad,
es sencillamente no posicionamiento,
pues conlleva siempre corregir
desequilibrios perceptivos.

La respuesta es siempre «... y entonces sería feliz». De esta manera colocas el objeto del deseo fuera, en el exterior, en el futuro. Cada paso que creas dar producirá más apego y te alejará más del objetivo del deseo. Entonces es cuando entra el momento de «soltar» el objeto del deseo, y ¡oh, milagro! aquello que liberas permanece junto a ti.

Insisto, pues: en la repetición se conforma un hábito.

El desapego permite una participación plena en la vida
sin intentar controlar los resultados.

La abundancia consiste en sentirte bien con lo que haces. Fuera no ocurre nada. Allí se encuentran multitud de opiniones. Al final, con quien tienes que estar bien es contigo mismo. Sé coherente, ama lo que haces, hazlo de corazón, muestra tu excelencia, sé asertivo, da lo mejor de ti mismo en cada momento y en cada situación. Si tienes que ir, ve. No te lamentes, pues nunca sabrás dónde está tu tesoro.

El agradecimiento

Otro hábito por desarrollar es la gratitud. El establecimiento de una práctica de gratitud es un modo práctico y probado de diseñar nuestros propios estados de ánimo e influir en ellos. Hemos de reconocer la importancia de que cualquier cosa que creemos saber está necesariamente influida por la forma en la que vemos las cosas, por una gran cantidad de factores que han contribuido a nuestra perspectiva y han moldeado al observador único que somos.

Vivir con agradecimiento crea un atractor —una fuerza— que hace llegar a tu vida cosas totalmente inesperadas. Dar las gracias al levantarte por el nuevo día es la actitud de una mente que sabe que vive en un océano de abundancia. Da las gracias por las pequeñas cosas, por los pequeños detalles, por una sonrisa, por una mirada, por estar tomando un café mientras el sol te calienta la cara. La gratitud es saber que lo tienes todo y que irá manifestándose en tu vida. No esperes nada; la espera es carencia, la gratitud se asienta en la certeza.

> La gratitud por todas las cosas del pasado, presente y futuro obra milagros.
>
> DAVID CAMERON GIKANDI

La gratitud implica sellar un acuerdo. En el campo de Consciencia solo existen el aquí y el ahora. Tu gratitud demuestra que los hechos están relacionados y comportan un desarrollo de capacidades y, sobre todo, de la conciencia. Ser agradecido aun antes de recibir es tener la certeza de que lo recibirás de la manera que mejor se adapte a tu proceso de evolución.

> ... porque vuestro Padre sabe lo que necesitáis antes de que vosotros le pidáis.
>
> MATEO 6:8

No esperes nada; la espera es carencia, la gratitud se asienta en la certeza.

La gratitud es la manifestación de la sabiduría. Podemos verlo en *La sabiduría tolteca* (800-1200 a. C.), que nos habla de los cuatro acuerdos que expresan un nivel de conciencia que nos hace comprender que todo está interrelacionado:

- **Nunca supongas**. Las suposiciones te hacen inventar historias y, con ello, envenenan tu mente y cometes errores.
- **Honra tus palabras**. Nos invita a ser coherentes con nuestras palabras y nuestros pensamientos.
- **Haz siempre lo mejor**. Da lo mejor de ti mismo en todo lo que hagas.

- **No te tomes nada como personal**. En la medida en que alguien quiera lastimarte, en esta misma medida él se lastima a sí mismo.

Si se me permite añadir la impecabilidad, que implica no ir nunca contra uno mismo. Debes asumir la responsabilidad de tus actos, pero sin culparte ni victimizarte. También implica estar alerta a las palabras que utilizamos habitualmente, con cuidado de no caer en la crítica, el juicio, la maledicencia..., y fortalecer nuestra mente con palabras de ayuda, agradecimiento, ánimo, cariño, soporte, etc.

Una pregunta en la que recala la impecabilidad es: ¿En realidad damos el cien por cien de nosotros mismos en todo aquello que llevamos a cabo?

Y sus hermanas tóxicas:

- ¿Criticas el trabajo de los demás?
- ¿Asumes las responsabilidades de los otros?
- ¿Te quejas de tu empresa?
- ¿Proyectas la culpa en los demás?
- ¿Esperas reconocimiento?

A colación de las virtudes o hábitos que tienes que desarrollar para vivir una conciencia de abundancia, tengo que decirte que debes estar muy alerta a uno de los sentimientos más tóxicos que existen», la envidia, de la que se derivan toda una serie de pensamientos y palabras que te llevarán a la pobreza.

- La envidia intoxica tu mente y paraliza toda acción.
- La envidia espera dádivas sin hacer nada.
- La envidia vive de derechos y poco de deberes.
- La envidia se rige por un único mandamiento: «Si yo no puedo tener lo que tú tienes, entonces tú tampoco lo vas a tener».
- La envidia utiliza la mentira, la calumnia, el descrédito hacia la persona envidiada.
- La envidia corroe el alma del envidioso.

Hábitos para <u>no</u> salir de la pobreza:

- Perder el tiempo lamentándose.
- Culpar a otros.
- Miedo al cambio.
- Posponer las cosas.
- Esperar un momento mejor.
- Envidiar el éxito ajeno.
- Pensar que el mundo te debe algo.

Hábitos que <u>no</u> tienen los ricos:

- Dormir demasiado.
- Trabajar para otros.
- Hacer todo solos.
- Ver mucho la televisión.
- No hacer ejercicio.
- No planear.
- No arriesgarse.
- No cuidar la apariencia.

Hábitos para crear abundancia:

- No busques trabajo, créalo.
- Genera beneficios por ti mismo.
- Ten buenos contactos.
- Mantén tu reputación.
- Paga tus deudas antes de que las reclamen.
- Estudia, céntrate en el conocimiento.

Cuídate de las expectativas, un hábito que libera tu mente y elimina limitaciones. Personalmente, mi situación actual está muy por encima de cualquier objetivo que me haya propuesto. Desarrollé una actitud mental: la rendición. Me rendí y empecé a vivir con todo mi corazón dando lo mejor de mí mismo. Lo hice libremente, sin esperar agradecimiento, aprobación, reconocimiento ni recompensa alguna. Ello me hizo libre.

Yo nunca espero nada de la vida. No tiene sentido esperar, pues pertenece al mañana.

Veamos la analogía del jardinero.

El jardinero eres tú. Tu mente es tu campo, tus pensamientos son las semillas, el agua con la que las riegas son tus emociones. Tú tienes el poder de elegir tus emociones. Tú estás creando tu realidad en cada instante de tu vida.

No te quedes en el pasado, no sueñes con el futuro. Concentra la mente en el momento presente.

Buda

· RECORDEMOS ·

- La abundancia vive en la paradoja «abundancia de todo y abundancia de nada».
- El universo manifiesta una abundancia de energía que siempre está a nuestra disposición, a la espera de su manifestación en función de la consciencia que la utilice.
- La consciencia de la riqueza y todas sus actividades es un estilo de vida, no algo que se hace ocasionalmente. Una de las claves de la abundancia es hacer abundantes a los demás.
- Esto es abundancia: si quieres ser abundante, enseña abundancia, comparte abundancia, da sin mirar a quién, estate siempre dispuesto a recibir, pero no a reclamar.
- Una fuerza que te llevará al éxito: la confianza en ti mismo.
- El fracaso es verdaderamente un momento de éxito, un momento de éxito por derecho propio.
- Muchos persiguen la abundancia y otros la crean. Los primeros están en la carencia y los segundos están en la abundancia. ¿Dónde estás tú?
- Cuidar tus emociones y tus pensamientos se convierte en algo esencial, pues ellos se alimentan de tus creencias y estas pueden hacerte vivir la vida en un bucle.
- ¿A qué prestas atención? Allí proyectas tu fuerza y empiezas a crear tu realidad.
- «La gratitud por todas las cosas del pasado, presente y futuro, obra milagros».
- «No te quedes en el pasado, no sueñes con el futuro. Concentra la mente en el momento presente».

CAPÍTULO IX

VIVIR EN EL SER

La vida es tu mente expresada. El mundo exterior es la parte
más densa de tu ser; es una extensión de tu mente.

DAVID CAMERON GIKANDI

El ser es omnisciente, omnipresente y omnipotente, ¿qué le falta al
ser?

La respuesta a esta pregunta puede parecer inadecuada, quizá
hayas pensado que ya lo tiene todo y que no le falta nada. Pero para
saber que lo tienes todo, repito la pregunta, ¿qué le falta al ser? La
respuesta es obvia: limitaciones.

Si lo tienes todo, si estás en todas partes, si lo sabes todo, ello implica que no vas a moverte, no hay acción, no hay historias que vivir
ni historias que contar. Si no hay historias, ¿qué sentido tiene el ser?

Mi ecuación emocional lo expresa con claridad:

$$\text{Consciencia } C_s = \text{Conciencia } C \text{ / tiempo t}$$

La consciencia sería el ser y la conciencia, la individualidad. La
emoción es la clave, pues sin ella no habría movimiento ni necesidad
de expresión; por eso la emoción es tan importante. Gracias a ella, el
campo de consciencia, el ser, nos escucha y, por descontado, nos
responde.

Para que haya manifestación, hay necesidad de tiempo y al surgir
este crea el espacio. Por eso se habla de espacio/tiempo. La velocidad
es la correlación entre estas dos magnitudes. Si un objeto se mueve a
una velocidad infinita, desaparece o, dicho de otro modo, t = 0. Pero

matemáticamente no puede ser, pues un número dividido por cero es indeterminado.

Aplicando entonces la función límite cuando t → 0, o sea, cuando el tiempo tiende a cero, nos da un resultado que define perfectamente la consciencia o campo. El resultado es +/– infinito. Como podemos ver, el mismo campo alberga las dos polaridades. También vemos que t nunca llega a 0, lo que da sentido a la pregunta y la consiguiente respuesta anterior: el Ser siempre tiene que estar manifestándose, pues la manifestación es su esencia.

Para Jung, el ser tiene tanto de luz como de oscuridad, al ser una fuente de orden y de desorden. La vida en sí misma surge en el límite entre el orden perfecto y el caos: necesita a ambos, es hija de las dos.

Al Ser también podemos llamarle presencia, son sinónimos. Se le llama «presencia» porque uno siente que hay algo más allá de este yo que creemos ser. Cuando la presencia brilla en tu mente, hay un silencio que transmite paz, se abre un espacio en tu mente, en tu conciencia, en el cual todo se manifiesta y todo es. Es suave y a la vez duro como una roca. El tiempo se detiene, no hay pesar, no hay pérdida ni deseo. Es un sentimiento de que todo es perfecto y completo. La mente se queda sin palabras, los conceptos no tienen sentido. No hay nadie que piense. Todo sucede por sí mismo. Surge un conocimiento y sabes que este se manifiesta en tu mente y en tu cuerpo, tienes la certeza de ello. En estos momentos la consciencia se irradia en la conciencia y esta sabe que todo tiene su sentido de existencia. De esta manera, el ser, la presencia, se manifiesta en nuestra vida. Hay una sensación «real» de que todo se mueve despacio, de que el tiempo está ausente, de que solo existe un ahora.

— SIN EMOCIÓN NO HAY PENSAMIENTO —

Ser es la primera causa. El Ser es; el pensamiento es hacer. Ser no toma tiempo para ser, mientras que al pensamiento le toma tiempo para convertir las cosas en ser. Porque el Ser es unidad, no vive en el tiempo, todo es ahora, y nuestro ser individual al vivir en el espacio/tiempo está en el hacer.

El Ser no es mente. Ser es la calidad de ser, o sea, la presencia, la consciencia, el ahora.

El ser de una persona es multidimensional, pero la capacidad de los sentidos en el plano físico es, para la mayoría de las personas, de cuatro dimensiones. El universo mismo es multidimensional, en él todas las posibilidades existen. Piensa en esto detenidamente.

¿Has estado alguna vez en una situación con riesgo de muerte que se haya presentado de forma inesperada? ¿Qué pasó en ese momento? Yo sí lo he experimentado, y no una vez, sino dos. La más espectacular, la que voy a contar ahora, expresa claramente que las decisiones que tomé en un instante no fueron a través de mi mente.

Me encontraba conduciendo por una autopista, el tráfico era fluido; yo conducía por el carril exterior, iba con mi primera esposa y mi hija de meses sentada en una silla en la parte de atrás. La autovía en sus primeros tramos era ondulada, zigzagueaba mucho con tramos de curvas en las que perdías visibilidad. Cuando entré en una de estas curvas, me encontré con todos los coches parados, la colisión era inminente. Me acuerdo de que le dije a mi mujer: «¡Sujeta a la niña!». De repente, todo lo vi a cámara lenta; vi la mirada de terror de un niño que estaba en el asiento de atrás del coche parado frente a mí. A la vez, miraba mi retrovisor y veía un coche que venía a toda velocidad, con las ruedas bloqueadas y echando humo. Vi perfectamente que el choque iba a ser múltiple y yo iba a llevarme la peor parte. A mi lado derecho un camión frenaba a tope, vi un resquicio por donde colarme y poder darle espacio al que iba detrás de mí. Me pasó a toda velocidad, iba a chocar; giró para no hacerlo contra el coche de delante, que ya no era el mío. Chocó contra el guardarraíl, rebotó, lo esquivé y, a la vez, me colé entre el coche que salió despedido y el camión que frenaba a tope. En unos instantes, que me parecieron eternos, yo había parado el coche en el arcén sin haber sufrido ni un rasguño.

El Ser no es mente. Ser es la calidad de ser,
o sea, la presencia, la consciencia, el ahora.

Está claro que todos estos movimientos y decisiones se llevaron a cabo en escasos segundos. Mi mente no estaba al mando. Tracé todos los movimientos viviéndolos a cámara lenta. No sentí miedo en ningún instante. Estaba tranquilo, no había ninguna duda en mis acciones, y fueron varias. ¿Quién tomó el mando? El Ser. Para mí no hay ninguna duda. No era nuestro momento, teníamos que seguir en este mundo.

En todos estos instantes que he narrado no hubo ningún pensamiento, todo sucedía al momento; viví cada movimiento como algo que era, que sucedía, como si fuera espectador. No había voluntad ni posibilidad de pensar nada, ni, por supuesto, de decidir. Este suceso ocurrió hace más de treinta y cinco años, y acabo de revivirlo como si hubiera sucedido ayer.

Para mí está claro que el soporte de toda esta energía en la que se expresaba y se manifestaba el Ser era sin emoción. No sentí ni miedo ni ira, ninguna emoción; solo presencia de estar y de sobrevivir. La vida, que es la manifestación del Ser, siguió presente en mí y en mi familia, es lo único que puedo decir. Más tarde se hicieron patentes multitud de pensamientos, sensaciones y manifestaciones físicas. Había vivido una experiencia que transformaría mi vida para siempre.

Las emociones son evolutivas, adaptativas, no son buenas ni malas. Sin emoción no habría movimiento, implicación, empuje, dirección... ¡Vivir! La emoción es vida, todos los seres vivos experimentan emociones; en realidad, solo unos pocos mamíferos parecen ser conscientes de ellas. Las emociones son fundamentales para adaptarnos a las diversas situaciones de la vida.

Paul Eckman, en su libro *El rostro de las emociones,* nos dice: «Las emociones no son buenas ni malas, son un impulso para actuar, para moverse. Programas de reacción automática con los que nos ha dotado la evolución».

Las emociones son el vehículo que nos conecta con el ser. No es lo que hacemos lo que realmente importa, sino cómo lo vivimos, lo sentimos; en definitiva, con qué emoción lo hacemos.

El propósito de este capítulo es vivir en el ser. No sé muy bien cómo explicarlo; por lo tanto, voy a rendirme y a dejarme guiar.

Vivir en este mundo, mejor dicho, en este universo, es en esencia un regalo. Todo dolor, todo sufrimiento sería innecesario si viviésemos con la consciencia del ser en nuestro mundo. El dolor, el sufrimiento son la expresión de una resistencia a aceptar que formamos parte de algo superior. Es cierto que las religiones han intentado explicar y transmitir esta sabiduría; lo han hecho con toda la buena intención, pero no las exime de la responsabilidad de haber alimentado un «miedo», me atrevería a decir el Miedo, a unas sociedades ya de por sí temerosas, que adoraban a estas fuerzas de la naturaleza y les rezaban. A estos dioses los sustituyó un dios iracundo, que nos juzga y que puede condenarnos a penas eternas, que nos prohíbe ciertas cosas y nos hace sentir deseosos de ellas. Vivir en este miedo ha enfermado nuestra mente y ha creado destrucción y guerras desde tiempos inmemoriales. El Ser lo han representado en este mundo almas llenas de sabiduría que han tenido que vivir en él sabiendo que iban a perseguirlas, calumniarlas y martirizarlas.

No es lo que hacemos lo que realmente importa,
sino cómo lo vivimos, lo sentimos;

Para poder reconocerse a sí mismo, el ser necesita las limitaciones. Para vivir esta experiencia se proyecta en un universo caracterizado por unas distancias que, para nosotros, son infinitas. Nos preguntamos muchas veces —o, al menos, yo me lo pregunto o me lo preguntaba—: ¿qué intención tiene la vida para colocarnos en una motita de polvo microcósmica y que, además, haya una inteligencia que pueda tener conciencia de ello?

Pienso que una gota de océano nos muestra cómo puede ser el océano que la sustenta. Por lo tanto, puedo inferir que nuestra consciencia es como esta gota de océano que puede sentirse separada, pero que a su vez contiene la esencia misma del océano que la contiene. El ser se expresa de infinitas maneras en cada gota de consciencia y lo hace según esta consciencia esté dispuesta a rendirse y a dejarse guiar en los diferentes escenarios que la vida va presentándole, para ver las potencialidades infinitas que todas las gotas contienen. Se nos ha dicho que estamos hechos a imagen y semejanza de nuestro Creador, y hemos convertido a este —el Creador— a nuestra imagen y semejanza. Este es el pecado original, o mejor dicho, el error original: creer que el Ser también tiene un cuerpo, una mente y, además, puede enfadarse y transmitir cólera, ira y destrucción.

Un día leí un pensamiento, muy acertado, del cual lamentándolo no recuerdo quien lo citó, que refleja nuestra realidad y nuestro «pecado»:

> Dios nos hizo a su imagen y semejanza, y le devolvimos el favor.

Para permitir que el ser se manifieste en nuestra vida con plenitud, hay que invertir esta interpretación. Es decir: nosotros, como humanos, que nos creemos separados de todo y de todos, estamos en un error. Nosotros podemos ser dueños de nuestra vida si vivimos en la expresión del ser, sin ningún miedo, transitando por la vida con sus dificultades, sus problemas, sabiendo que la vida es el escenario perfecto para descubrir quiénes somos en realidad.

El Ser, como vengo diciendo, es la abundancia con todos sus términos. De hecho, la palabra «abundancia», que es un concepto, lo limita. Pero esta es la idea original, deshacerse de los conceptos que nos oprimen para entrar de lleno en la conciencia de saber que lo eres todo. La vida es un regalo, el mundo donde habitamos es un milagro. Es la expresión de una inteligencia infinita que nunca alcanzaremos a comprender hasta que nos fundamos en la Esencia, en la Fuente, en el Ser.

El cuerpo que habitamos tiene, por así decirlo, una especie de *software* que almacena y expresa información. De hecho, es lo que realmente somos, información. Hay científicos, como por ejemplo Leonard

Susskind,[26] que ha defendido la idea de la conservación de la información como principio de la ciencia más significativo, incluso más importante que la segunda ley de la termodinámica, que nos dice: «La cantidad de entropía del universo tiende a incrementarse en el tiempo». Dicho de una manera más llana, todo lo que ven nuestros ojos camina hacia la destrucción, hacia el caos. La entropía es el grado de desorden al que tienden todos los sistemas. En el caso de la información, esto no tiene por qué ser así; es más, porque se conserva, como nos explica el principio de la conservación de la energía (información), se transmite y puede modificarse —transmutarse— a niveles más ordenados.

Una forma de crear cosas en este mundo es por medio de los pensamientos, las palabras y la acción. Pero esta es la vía lenta. La forma más rápida es cambiando de estado: estar en el Ser. Por ejemplo, cuando dices que tienes hambre, eso es un estado. Cuando tienes confianza, eso es un estado. Eres. No necesitas nada fuera de ti para ser un cierto estado. Para vivir abundancia en tu vida es mucho más eficiente estar en un estado de abundancia, dejar que la esencia del Ser, en la que se expresa tu consciencia individual, se manifieste en tu vida plenamente.

— TÚ NO SABES —

No hay pensamiento más inteligente que ser plenamente consciente de que no sabes. El mismo Sócrates nos lo decía: «Solo sé que no sé nada». Este pensamiento refleja una sabiduría que va mucho más lejos de lo que pueda ir nuestra mente racional y analítica. Cabría preguntarse de dónde salen estas ideas geniales, lo que muchos llamamos inspiración. La inspiración está vinculada a un estímulo espontáneo creativo. También puede entenderse como estar insuflado por el Espíritu. Está claro, al menos para muchos, que estar inspirado es estar conectado a una especie de fuente de la cual manan ideas para todos aquellos que dejen un poco de lado la mente analítica y utilicen más la mente abstracta.

Cuando no sepas qué hacer, sencillamente no hagas nada. No busques, por una sencilla razón: ¿qué vas a buscar? Para buscar uno tiene que saber, o al menos tener una idea de lo que busca. Además, tu búsqueda está asociada a una necesidad, muy condicionada por la información almacenada en tu inconsciente. Corres el peligro de entrar en bucle, de aplicar las mismas soluciones a los mismos problemas. Quizá busques a alguien para que te dé nuevas ideas; esto tiene algún sentido, pero no olvides que muchas veces vas a recibir una proyección, salvo que esta persona te acompañe a un cambio de percepción con relación a tu estrés o conflicto, sin aportarte ninguna solución. Esto es lo que hacemos en el método de la Bioneuroemoción: llevamos a la persona a un estado de observación en el que su mente se queda en calma, sabiendo que la mejor solución para ella se manifestará en su mente.

Nuestro ego tiene un mandamiento: «Busca y no encuentres». Él cree saber que está capacitado para encontrar la solución, pero al final siempre aplica las mismas soluciones a los mismos problemas.

Una mente en calma, una mente que está a la escucha, es una mente que no busca soluciones, deja que estas se manifiesten, que sean inspiradas. Es una mente que se conecta; mejor dicho, se aparta de su ego para recibir la solución, ¡su solución!

Recuerda, tú no eres tu mente. Tu mente es una herramienta poderosa y hermosa, pero no te identifiques con ella. Úsala para pensar de la manera correcta y apágala cuando no estés usándola.

El gran recurso es desarrollar la calma, fruto de la sabiduría adquirida con el tiempo. La calma puede soportar el verdadero control y precisión del pensamiento. El crecimiento a lo nuevo, abrir nuestra mente, reside en aprender a vivir en la incertidumbre. Esta es una observación con una mente en calma y en estado de escucha, no de búsqueda.

Tú no eres tu mente.
Tu mente es una herramienta poderosa y hermosa,
pero no te identifiques con ella.

La calma es poder, la calma te pone en armonía contigo mismo y con la naturaleza. Pone control a tus pensamientos y permite que tengas el pensamiento correcto. La calma es confianza. La calma es tu verdadera naturaleza, equilibrio perfecto y paz perfecta. La calma se manifiesta en tu mente cuando vives plenamente el hecho de que no eres las circunstancias que conforman tu vida. Ante momentos de gran tribulación, la calma es un requisito esencial para poner tu mente en un estado de escucha interior. Un requisito para entrar en la calma es no prestar atención a tus diálogos internos, a tus conversaciones. Obsérvalas y te darás cuenta de que de alguna manera fueron inoculadas a tu mente. Tomarás conciencia de que tú no eres este parloteo incesante. Al adoptar esta actitud, observarás que este ruido mental empieza a menguar. En este instante tu mente se abre al Campo para que el Ser se manifieste en tu mente y se produce lo que muchos llamamos estar inspirados o recibir inspiración.

El crecimiento a lo nuevo, abrir nuestra mente,
reside en aprender a vivir en la incertidumbre.

El ego quiere el control, él no es consciente de que los pensamientos, las palabras y las acciones que él usa están creando lo que hoy llamas «futuro». El ego vive de juicios, de comparaciones, de razones, y ni por un momento piensa ni cree que todos y cada uno de ellos estén creando su realidad, de la que va a quejarse más tarde.

Una persona no es una cosa o un proceso, sino una apertura a través de la cual se manifiesta lo absoluto, el Ser.

MARTIN HEIDEGGER

Ante momentos de gran tribulación,
la calma es un requisito esencial para poner tu mente
en un estado de escucha interior.
El ego vive de juicios, de comparaciones, de razones.

— LOS JUICIOS —

Cuando podemos ver lo que no podíamos ver antes, podemos hacer lo que no podíamos hacer antes. Pensamos, mejor dicho, creemos que nuestros juicios no van a ninguna parte. Somos demasiado condescendientes con las divagaciones de nuestra mente. Pero todo juicio nos lleva al mundo de la ilusión, al mundo de las interpretaciones y al mundo del bien y del mal. La eterna paradoja «bien y mal», que nos hace vivir en el infierno si no la trascendemos.

Tus juicios te aprisionan sin que seas consciente de que tú eres el carcelero. Solo puedes llegar a comprenderlo cuando tienes la certeza de que tú no sabes. «Saber» lleva implícita la ausencia de creencias; solo hay experiencia experimentándose a sí misma. El auténtico saber te lleva a comprender que no sabes; por lo tanto, ya no hay necesidad de ningún juicio.

Cuando hablamos del mundo de la ilusión no quiero decir que no exista nada. ¡Existe todo-lo-que-es! Lo que sucede es que la ilusión consiste en percibirlo como materia separada, lo cual no es.

Cuando nos expulsaron del Paraíso —mejor dicho, cuando nos expulsamos— entramos en el mundo de la dualidad, donde todo tiene su lado opuesto, que coexiste con el otro lado. En el Paraíso se encontraba el árbol del conocimiento, llamado también «árbol del bien y del mal». ¿Cómo es posible que un árbol dé frutos distintos? No es posible si lo percibimos como separado, pero resulta totalmente comprensible cuando tomamos conciencia de que el fruto llamado «bien» es una cara, la que mostramos al mundo, y el fruto llamado «mal» es su lado oculto, el opuesto. El uno no puede vivir sin el otro. Cuando tu mente se libera de las cadenas de esta paradoja entra en otro estado mental, llamado «de integración», y comprende que todo juicio es innecesario, pues si condenamos —hacemos un juicio—, a la única persona que condenamos es a nosotros mismos.

Tienes que entender que la mayoría de esta gente no está preparada para ser desenchufada. Y muchos están tan habituados, dependen tan absolutamente del sistema, que lucharían para protegerlo.

Morfeo en Matrix

Vivir fuera del paraíso es vivir con la creencia de que tu forma de ver y entender el mundo es la verdad y de que, por lo tanto, tus juicios son acertados. En este momento, cuando has tomado esta decisión, cierras la puerta a la manifestación a través de tu conciencia del ser. Vives plenamente la sensación de que estás aislado, de que todo depende de ti, y tu ego te hace vivir en el miedo y en el abandono. Surgen la culpabilidad, el sacrificio y el sufrimiento como consecuencia de este error mal llamado «pecado». Cuando salimos del paraíso, surge el tiempo y, con él, el caos, el desorden, y nuestra lucha se centra precisamente aquí, sin ser conscientes de que es una lucha perdida, pues la entropía, sí o sí, va a vencer.

Vivir en la ilusión es vivir en la creencia de que solo somos responsables de lo que hacemos y no de lo que pensamos, cuando la realidad es que de lo único que somos responsables es de nuestros pensamientos, porque solo en ese nivel tomamos nuestras decisiones y estas siempre van acompañadas de emociones: tus acciones son el resultado de tus pensamientos, alimentados por sentimientos y emociones.

No debemos olvidar nunca que no hay pensamientos fútiles, pues todo pensamiento produce forma en algún nivel. No creas que si vives en el ser, en la consciencia, tus actos, tus pensamientos y tus posicionamientos no van a tener consecuencias. En realidad, no hay buenos ni malos, pero todas las acciones tienen consecuencias. Al final la justicia te la haces tú mismo.

Los estados de ánimo, las emociones y nuestras afirmaciones son la expresión de nuestros juicios. Juzgamos constantemente y ello comporta un gran desgaste de energía mental.

Te invito a hacer una reflexión: ¿Quieres saber algo sobre tu estado de ánimo? Observa tus juicios, en particular tu capacidad de fundamentar tus juicios con afirmaciones verdaderas. Si mi estado de ánimo es de frustración, de resignación, puedo hacer muchos juicios sobre mí o sobre los demás, tales como "no sirven", "son unos inútiles", "esto no funcionará haga lo que haga", y los refuerzo compartiéndolos con los demás.

Un buen hábito es evitar contaminarse con los juicios de los demás, sobre todo cuando entramos en un ambiente desconocido y nuevo para nosotros. Uno de los componentes de sabiduría tiene que ver con las personas a quienes eliges escuchar sobre ciertos aspectos específicos de tu vida.

> Tus acciones son el resultado de tus pensamientos, alimentados por sentimientos y emociones.

También quiero aclarar que los juicios no son malos en esencia; si los juzgáramos así, estaríamos cayendo en la trampa del juicio. Cuando integras la paradoja, escuchas los juicios de los demás y los tuyos propios, y, sobre todo, no los juzgas, solo sabes que todo es una expresión de una información inconsciente. Ya sabemos que «Cuando Juan habla de Pedro, habla más de Juan que de Pedro».

Una de las cosas que caracteriza al Ser es su incapacidad de juzgar. Él solo expresa, manifiesta en tu vida tus creaciones, a las que muchas veces llamas «castigo». Lo vengo explicando anteriormente, pero para mayor aclaración, en Lucas (6.36-38) está escrito: «Con la medida con qué midan serán medidos». El llamado Juicio Final es un acto de amor, pues implica el final de todo juicio, lo que nos lleva directamente al descenso del Cielo a la Tierra, y para que ello sea posible hay que trascender la paradoja final; la del bien y el mal. Entonces, en nuestra mente brillará el conocimiento. La novela *El extraño caso del doctor Jekyll y el señor Hyde* es un ejemplo de esta paradoja. El doctor quería eliminar el mal, o lo que él consideraba el mal, y se vio abocado a vivirlo hasta tal punto que quedó atrapado en él. Eso a lo que te resistes, persiste.

El hinduismo refleja perfectamente esta paradoja en las tres divinidades:

- **Brahma**: dios de la creación.

- **Shiva**: dios de la destrucción y la renovación.
- **Visnú**: dios de la bondad. Une los opuestos, es el dios preservador.

Todo acto creativo tiene que complementarse con un acto destructivo para mantener el equilibrio. Comer del fruto del árbol del bien y del mal te lleva al conocimiento, a vivir inmerso en las llamadas «polaridades» u «opuestos», y a comprender que todo desplazamiento hacia una oposición hace crecer su complementario.

Un sendero por el que debe transitar nuestra mente es la observación de tus juicios: tu pensamiento se ralentiza, ves lo que realmente te molesta y no te culpabilizas. Procura mantener tu mente alerta, notando qué está sucediendo, dónde reside en ti aquello que ves en los demás. Deja que el juicio se vaya libremente; le has quitado la fuerza, el poder, sencillamente porque no hay emoción o al menos no hay una fuerza emocional. Entra en el silencio y deja que el Ser te ilumine en lo que tienes que hacer o dejar de hacer. Integra la enseñanza con agradecimiento.

Reflexiones

- La condena y el juicio retienen aquello que se condena y se enjuicia.
- La vida trata del crecimiento y la expansión de la conciencia. La vida, la Fuente, el Ser nunca tienen un diseño o plan en el que tú no puedas expandir la conciencia. De hecho, todo el diseño de la vida es para que la conciencia continúe su expansión.
- El ego se diseñó para crear la ilusión de la separación. Eso es necesario, pero cuando la ilusión se toma como realidad, se torna una trampa dolorosa. Tu identidad, que se expresa a través de tu conciencia, no es una herramienta con la que puedas experimentar la grandeza del espíritu, del ser y todo lo que contiene.
- Decide en todo momento no preocuparte, no sentirte frustrado, no desear estar en otro lugar haciendo algo distinto y no tener miedo. Todas estas declaraciones son de no tener y perpetúan el estado de no tener.
- Nada sucede en tu entorno sin que tú, total o parcialmente, hayas

sido la causa en algún nivel o en la totalidad de tu ser, a pesar de que tal vez no seas consciente de las decisiones que estás tomando para causarte esas experiencias.

- El Ser siempre nos habla a través de todas las formas de comunicación. Siempre y de todas las maneras. Somos nosotros los que interrumpimos esa comunicación. Empieza a prestar atención a qué películas ves, qué programas de televisión sigues, qué revistas lees, con qué personas hablas, qué eventos de la vida observas y qué intuiciones tienes. Todos ellos traen mensajes para tu avance, mensajes del Ser. Sencillamente sé abierto y muéstrate dispuesto.
- Tienes más potencial dentro de ti del que puedas usar en toda una vida o incluso en varias vidas. Deja de poner excusas y de creer en limitaciones.
- Las circunstancias se producen debido al estado de ser. La mayoría piensa que ciertas circunstancias le hacen feliz y es al revés: tu estado de felicidad es causa de circunstancias felices.

— NUESTRO CEREBRO ES UN RECEPTOR-EMISOR —

Voy a empezar este apartado con una analogía. Todos conocemos las emisoras de radio o de televisión. Cada cadena emite a una frecuencia determinada y para poder escucharla o verla tienes que ponerte en su frecuencia. Estas frecuencias coexisten a la vez, por decirlo de alguna manera. Cada una de ellas mantiene su integridad y no se mezclan. ¡Están ahí! No las vemos y sabemos de su existencia porque tenemos un aparato receptor. También está meridianamente claro que nuestras preferencias, condicionadas por nuestra manera de ver y entender las cosas, eligen el canal para ver o escuchar. Lo que buscamos haciendo esto es reforzar nuestra forma de ver el mundo, nuestra realidad.

¿De dónde vienen las ideas novedosas? La respuesta podría ser «de la Fuente, del Ser». Siguiendo la analogía, el Ser sería entonces el almacén de todas las ideas posibles, ideas que pululan a nuestro alrededor a la espera de que alguien escoja la frecuencia adecuada y se manifiesten en una idea que se podría calificar de genial.

Una pregunta lógica sería qué hace que una persona tenga una idea genial. Utiliza su mente y, por ende, su capacidad de pensar por encima de la realidad aceptada. Se cuestiona las verdades establecidas y piensa, mejor dicho, observa lo que percibe, cómo lo percibe, en función de qué percibe, de dónde salen sus percepciones, le da más y más vueltas a cómo vive el mundo y en qué creencias se sustenta.

Una persona que tiene una genialidad, una idea no pensada, lo que se llama inspiración, está imbuida en una fuerza llamada «emoción» que necesita una idea que aparece en su mente de repente, como una explosión, como el famoso «eureka, lo encontré». La idea aparece porque la persona está poniendo en jaque todas las formas de ver y entender la vida. Se lo cuestiona todo. Cuando nuestro cerebro capta la idea, se activa la fuerza de la emoción y los pensamientos empiezan a alborear en la mente. Se activa el proceso por el que materializamos estos pensamientos, hijos de la idea original, en cosas. Por lo tanto, como diría Napoleón Hill en su libro *Piense y hágase rico*, los pensamientos son cosas.

Veamos, como ejemplo, la historia de Henry Ford y su motor V8, un motor con ocho cilindros alojados en un solo bloque. Ford dio las instrucciones a sus ingenieros para que fabricaran un prototipo. Su equipo de ingenieros le dijo que desde todos los puntos de vista el proyecto era inviable. La respuesta de Ford fue contundente: prodúzcanlo de todas maneras, no dejen de trabajar hasta conseguirlo. Después de un año de trabajo, los ingenieros todavía no habían encontrado la solución. Ford los impelió a que siguieran trabajando hasta que lo consiguieron. La fuerza de Henry Ford en su idea era tal por una sencilla razón: estaba recibiendo la información del Ser y él sabía que la idea no era una locura.

Hay un principio universal, de autor desconocido, que dice que todo lo que la mente humana pueda concebir y creer se puede alcanzar. No olvidemos, lo recuerdo una vez más, que la conciencia no puede pensar al margen de la consciencia, del Ser.

Cuando Thomas Edison tuvo la idea de la bombilla, todos le dijeron que estaba loco. Un pensamiento no tiene límites si se aplica una ideal fundamental, un secreto que está frente a todos y que muy pocos ven. Para poder ver este secreto hay que hacer un esfuerzo que todavía pocos están dispuestos a llevar a cabo: desarrollar una conciencia de unidad. Desarrollar esta conciencia no implica hacer nada especial, salvo que hay que cuestionarse las verdades absolutas con las que vivimos y con las que alimentamos nuestra mente en forma de pensamientos. El gran sacrificio consiste en renunciar a nuestras creencias y, sobre todo, a cuestionarnos nuestra forma de ver y entender la vida. Este es el *leitmotiv* de este libro: hacer más libres a las personas mostrándoles que pueden vivir su vida desde otra perspectiva. La perspectiva de saber vivir en la paradoja, la de saber utilizar los opuestos, integrarlos, pues al hacerlo abrimos nuestra mente a otras posibilidades.

Estoy aplicando y explicando en este libro este secreto que no es tal, pues siempre ha estado ahí. Para verlo hay que cambiar desde la raíz nuestra forma de ver y entender el mundo. Este secreto en su esencia se asienta en un propósito: un deseo ardiente.

Sigamos: los pensamientos cargados emocionalmente empiezan a manifestarse en su equivalente físico, pues ya se ha demostrado que mente y cuerpo no están separados. Las emociones, sentimientos y pensamientos afines resuenan en nuestra corporalidad. De ahí la importancia de ser consciente al gestionarlos, de comprender que nuestras reacciones emocionales tienen que ver con nuestra forma de ver y entender el mundo y por ende con cómo vivimos nuestras experiencias. Todo ello, como vengo explicando en este libro, tiene que ver con nuestra conciencia. Si asentamos estos pensamientos en la certeza de que provienen de la Fuente, del Ser, esta mezcla de deseo ardiente, pensamientos cargados de emoción y certeza, se convierte en una voluntad inquebrantable. Los fracasos se convierten en experiencia, en sendas que no hay que seguir y, por lo tanto, en sabiduría.

Tu mente, tu conciencia, atrae a tu vida los pensamientos que alimenta.

No nos olvidemos, como ya he mencionado anteriormente, que Nikola Tesla ya nos lo dijo muy claramente: «Si quieres entender el universo, hay que pensar en términos de energía, frecuencia y vibración». Cuando estás conectado —en frecuencia— la información te llega en forma de inspiración, conocimiento o fuerza. Estar conectado es mantener una comunicación directa con el Ser, la Fuente. Has de mantener tu receptor, o sea, tu cerebro —que, a su vez, está interconectado con tu cuerpo— en perfectas condiciones, en perfecto equilibrio mental, emocional y físico.

Cuida tu cuerpo con ejercicio físico y alimentación adecuada. Cuida tu mente con coherencia emocional y procura que no viva atrapada en los «tengo que», «debo»; esto te permitirá afinar tu receptor, sin olvidar que también es un emisor. En resumen:

- Cuida tu mente, sobre todo cuida el alimento que le das.
- Cuida tu cuerpo mediante el ejercicio adecuado y constante y una alimentación apropiada.
- Sé coherente contigo mismo y, por lo tanto, con los demás.
- Sé perseverante, utiliza las emociones con una intención, que siempre tengan una dirección.
- Los fracasos son enseñanzas; intégralos.
- El desánimo no debe tener cabida en tu mente.
- Nunca olvides que eres información y esta siempre puede renovarse.

> Realidad es aquello que tomamos por verdad.
> Tomamos por verdad aquello que creemos.
> Lo que creemos se basa en nuestras percepciones.
> Lo que percibimos depende de lo que buscamos.
> Lo que buscamos depende de lo que pensamos.
> Lo que pensamos depende de lo que percibimos.
> Lo que percibimos depende de lo que creemos.
> Lo que creemos determina lo que tomamos por verdad.
> Y lo que tomamos por verdad es nuestra realidad.

DAVID BOHM

Querido lector, ¿ya sabes cuál es el secreto?

Recuerda que todo objetivo alcanzado se asienta en una idea, que toda oportunidad tiene el curioso hábito de aparecer por la puerta de atrás y, a menudo, viene disimulada con la forma del infortunio o de la frustración temporal. Tal vez por eso hay tanta gente que no consigue reconocerla.

Me acuerdo perfectamente del primer día que compré un móvil, un celular, como lo llaman en América Latina. Era un armatoste incómodo de llevar. También recuerdo que la gente decía «¿para qué quiere la gente llevar un teléfono encima?». Estoy seguro, querido lector, de que, como mínimo, has esbozado una sonrisa.

Llevo muchos años desarrollando en mi conciencia la Consciencia de Unidad. Como anécdota particular que me ocurrió hace unos treinta años, recuerdo que entraron a robar en nuestra casa. Cuando estaba abriendo la puerta hice esta petición: Señor, perdónales porque yo ya les he perdonado. Curiosamente, al único al que robaron fue a mí. Me quitaron un reloj de oro que era de mi padre y dos chaquetas, una de piel regalo de mi mujer y otra deportiva que me gustaba mucho. Era lo único que tenía, hacía poco que me había divorciado y prácticamente se lo di todo a la que había sido mi mujer. Recuerdo como si fuera ahora mismo que no sentí ni ira ni rabia, solo una paz interior. De alguna forma sabía —ahora lo sé perfectamente— que todo tiene una razón de ser. Estaba en lo que vengo explicando en este libro, en crisis. Tenía la certeza de que la forma de vivir esta eventualidad era una oportunidad: podía vivirla desde la rabia o desde el perdón.

Este es el secreto: nadie puede decidir por ti, tú eres dueño de tu vida y tú decides cómo vivirla. Esta decisión marcará las experiencias que llamamos futuras. Hacemos que el Ser las manifieste en función de nuestras decisiones, las cuales muchas veces son inconscientes. Hacerlas conscientes es uno de los objetivos de este libro. Tú eres libre de decidir cómo vivirlas, también lo eres para poner estas ideas en práctica, o no. No se trata de creértelas, se trata de experimentarlas y de aplicarlas en tu vida. Es una actitud mental, un hábito, es una forma de vivir. ¡Tú eliges!

Voy a terminar esta exposición sobre el Ser con estos pensamientos, con un deseo ardiente de compartirlos, sabedor de que lo que deseas, primero tienes que darlo. La abundancia es, primero, un estado del Ser que se experimenta y no al revés. La abundancia no se crea debido a ciertas condiciones, sino que ciertas condiciones se crean cuando la abundancia vive libremente en nuestra mente. La influencia de las circunstancias no existe.

La siguiente declaración es falsa: «Una persona es pobre debido a las condiciones que la rodean». Acuérdense del cuento de Leticia. La siguiente declaración es verdadera: «Las condiciones de pobreza rodean a una persona debido a que su ser y sus pensamientos son propios de una consciencia de pobreza».

Lo que deseas, primero tienes que darlo.

El estado de ser crea las condiciones. Cuidar nuestra consciencia mediante el ejercicio de estar alerta a los pensamientos que acunamos en nuestra mente es clave. La abundancia tiene dos caras, a saber: la abundancia de riqueza y la abundancia de pobreza. Tú eres el dueño, tú tienes la llave. La decisión es tuya. No proyectes la causa al exterior, sencillamente porque no hay exterior. La mayoría de las personas creen que es al revés. Aquellos que ven esto con claridad comprueban que las condiciones se les transforman mágicamente y que se producen «golpes de suerte» y «coincidencias».

La abundancia tiene dos caras, a saber:
la abundancia de riqueza
y la abundancia de pobreza.

• RECORDEMOS •

- Al ser le faltan las limitaciones para poder expresarse. Se le llama «vida».
- Consciencia C_s = Conciencia C / tiempo t
- Ser es la primera causa. El Ser es; el pensamiento es hacer. Ser no toma tiempo para ser mientras que al pensamiento le toma tiempo convertir las cosas en ser.
- Las emociones no son buenas ni malas, son un impulso para actuar, para moverse. Programas de reacción automática con los que nos ha dotado la evolución.
- El Ser es la abundancia con todas sus palabras. De hecho, la palabra «abundancia», que es un concepto, lo limita. El Ser está libre de conceptos, es una experiencia.
- Somos información, esta vibra según nuestra apertura de conciencia.
- Somos la causa y no el efecto.
- Nuestro cerebro es un receptor/emisor. Hay que cuidar el alimento —pensamientos— que le proporcionamos.
- La emoción es el vehículo en el que viajan nuestros pensamientos y hace que la información resuene en el Ser y ello se manifiesta en nuestra vida en lo que llamamos experiencias.
- Ser conscientes de que no sabemos es un primer paso hacia la sabiduría.
- Mantente alerta a lo que alimentas en tu mente. Todo juicio te lleva al mundo de la ilusión, al mundo de las interpretaciones y al mundo del bien y del mal. Es la eterna paradoja que nos hace vivir en el Infierno si no la trascendemos.
- La condena y el juicio retienen aquello que se condena y se enjuicia.
- Hay un principio universal que, por supuesto, no ha inventado nadie, que dice que todo lo que la mente humana pueda concebir y creer se puede alcanzar.
- Cuida tu cuerpo y tu mente. Pon tu vida en coherencia.
- No hagas nada que no sea por el bien de los demás. Es imposible

hacer algo sin hacérselo a uno mismo. Sencillamente porque todos somos Uno.

Para terminar, una reflexión clave:

> Si quieres conocer la verdad, entonces no sostengas opinio-
> nes ni a favor ni en contra de nada. Establecer lo que te gusta en
> contra de lo que no te gusta es la enfermedad de la mente.

SENG-TS'AN

DUDAS, PREGUNTAS Y RESPUESTAS

— INTRODUCCIÓN —

Querido lector, he tenido a bien añadir esta sección del libro, «dudas, preguntas y respuestas», para dar mayor claridad a lo expuesto en el libro.

Estas preguntas son una recopilación de diversos seminarios que Enric Corbera Institute ha venido realizando estos últimos años.

Todos estos seminarios tienen un hilo conductor en común: vivir en la Conciencia de Unidad, de que todo está interrelacionado e interconectado, el poder de decidir cómo vivir nuestra vida está en cada uno de nosotros, la importancia de la auto-indagación, la gestión emocional y, sobre todo, la actitud mental frente a los diversos avatares de la vida.

Esta sección del libro pretende aclarar algunas dudas que, a buen seguro, pueden surgir y son comunes en los diversos seminarios que hemos impartido.

Permítanme recordarles una vez más, queridos lectores, que mi propuesta en mi instituto y por ende en este libro, es llevar a las mentes a otra forma de ver y entender el mundo. No se trata de que se lo crean, ni mucho menos, sino de que lo pongan en práctica. Es un proceso de inversión de pensamiento, muy duro al principio y muy liberador cuando se convierte en un hábito. Esta inversión, recordemos, consiste en tomar conciencia de que siempre estamos proyectando la causa de lo que nos ocurre afuera y el mayor error que cometemos es querer cambiarla. Se trata de comprender que, si bien el conflicto lo puede haber empezado el otro, mis reacciones emocionales son la manifestación de mis programas inconscientes y de mi estado de conciencia. Entonces recupero la esencia de mi poder en la decisión que voy a tomar en relación a la experiencia.

Siempre digo en mis seminarios, talleres y acompañamientos que, si buscásemos la causa en nosotros —no la culpabilidad—, la responsabilidad, nuestra vida sería otra.

Recordemos una vez más que podemos vivir cada circunstancia de nuestra vida con dos actitudes mentales:

- Todo está separado. Mi mente está separada y encerrada en mi cuerpo.
- Todo está interrelacionado. Mi mente está siempre conectada con el Campo Universal de Consciencia.

Teniendo siempre presente:

> La Consciencia Universal
> no nos premia,
> no nos castiga,
> manifiesta nuestro estado de
> Conciencia en todo momento.

Tengo una duda sobre dar sin esperar recibir a cambio.
Entiendo la parte de dar lo mejor de nosotros en los trabajos o negocios, pero no entiendo cómo gestionar no esperar recibir nada a cambio cuando sabes que el alimento de tus hijos depende de esa transacción. Claro que pongo pasión en el trabajo, porque me gusta, pero realmente espero recibir algo a cambio porque el intercambio es dinero con el que pagamos nuestras cuentas y sin él no pagaríamos cuentas ni comeríamos ni podríamos mantener una casa.

Cuando hablo de dar sin esperar nada a cambio no me refiero a no percibir un salario por tu trabajo o servicio prestado. Vivimos en un mundo en el que hay que montar negocios, estructuras como la del Instituto que presido y, por supuesto, dar de comer a todo el que trabaja en él.

Dar sin esperar nada a cambio tiene un componente más elevado. Es la comprensión de que siempre te estás dando a ti mismo a través del otro. Y como muy bien dice *Un curso de milagros*, «si no sabes lo que estás dando, observa lo que estás recibiendo». Dicho de otra manera: tú puedes dar sonrisas, coherencia en tus actos, servicios desinteresados, como hacemos en el Instituto cuando ofrecemos conferencias. Sabemos que dar sin mirar a quién es un acto de altruismo y asumimos que puede haber opiniones a favor y en contra. Lo importante es dar a aquellos que buscan una nueva manera de pensar. No esperamos nada a cambio porque, desde una conciencia no-dual, no hay nadie a quien dar.

"¿Cómo cambiar o vivir de otra manera esa parte en la que uno siente que tiene que hacerlo todo por sí mismo?
Mencionas que esto nos lleva a estar desconectados y, por lo tanto, a la carencia... ¿Cómo cambiamos ese enfoque? Soy muy proclive a sentirme responsable por hacer y darle solución a todo...

Los cómo, cuándo y de qué manera se sustentan en que hay una manera concreta de hacer las cosas y en creer que la solución está fuera. Observa que todas las preguntas que se hacen, básicamente, se sustentan en la creencia en la separación.

Todos hemos heredado información de nuestros ancestros y esta no es ni buena ni mala. El problema surge cuando nos dejamos llevar por ella y nos polarizamos o nos posicionamos; entonces juzgamos a los que están en la otra polaridad, los que se quejan y esperan que alguien les solucione la vida.

Tú lo percibes así porque te encuentras en la polaridad complementaria: ayudar al necesitado. Lo haces sintiéndote mal porque nada cambia. La inversión de pensamiento es tan simple como pensar que las necesidades de los demás son las tuyas. Préstate más atención, vive tu vida. No te lamentes igual que los otros que te hacen de espejo. Como ves, todo es lo mismo. No se trata de no ayudar, pero todo tiene un límite, un equilibrio y todos tenemos que encontrarlo.

Particularmente yo tengo la creencia de que el dinero es libertad.
Por ejemplo, si tuviera el dinero necesario, ya me habría ido de donde estoy.

El dinero, en este caso no tenerlo, es una excusa para seguir igual. Te recuerdo que yo me marché de mi casa con lo puesto. El dinero es importante, como todo. El dinero solo es una parte de la abundancia. Ya he planteado la paradoja del «rico pobre y del pobre rico».

Obviamente, todos heredamos información de nuestros padres y muchas veces repetimos las historias o las compensamos. Al final se trata de tomar conciencia de las excusas —justificaciones— que ponemos para seguir igual. Nos contamos historias, indagamos y entendemos, pero seguimos igual. El entendimiento nos lleva a contarnos historias, no nos lleva a ninguna parte, salvo a repetir una y otra vez lo mismo.

Muévete y no mires atrás. Déjate sorprender, sal de tu zona de confort o, mejor dicho, amplíala.

En general me cuesta dar mi opinión cuando intuyo que puede generar conflicto.

Todos tenemos el derecho a dar nuestra opinión, sobre todo si nos la piden. Si el otro o los demás se ofenden o no la aceptan, estás delante de tu espejo. Te muestran el poco respeto que te tienes a ti mismo, a ti misma. Si eres respetuoso sin intentar convencer a nadie, el problema no es tuyo. Además, recordemos que somos información, vibramos y todo lo que nos rodea tiene que ver con nosotros y forma parte de nuestra experiencia. Si no das tu opinión por miedo, estás mintiendo y mintiéndote. Si no quieres darla, estás en tu derecho, pero no pongas excusas. Si el otro se enfada contigo, ya sabes con quien no debes relacionarte y aprende qué lección tienes que integrar. Pregúntate qué es lo que te escondes a ti mismo, qué no quieres ver de ti. Al final ahí fuera no hay nadie, siempre estás tú mismo frente a ti mismo.

Tengo clara la rendición. ¿Por qué no soy capaz de llevarla a cabo?

Si la tuvieras clara, no harías la pregunta. Tu resistencia —que es la del ego— es a dejar el control. Así de claro y así de simple. Entregamos los pensamientos y situaciones a la presencia y lo hacemos esperando que nos solucione algo. La rendición es plena comprensión de que uno no sabe y equivale a «hágase tu voluntad».

¿Cuál es la propuesta ante los problemas de la sociedad?

El aumento de la conciencia, desarrollarla mediante la experiencia Advaita (no-dos). Experimentar que todo está relacionado y poner en práctica —no conductualmente— lo que desde los albores de los tiempos los grandes maestros ya nos han enseñado. Respetemos nuestro medio ambiente, cuidémonos de hacer juicios innecesarios, recordemos que todo resuena y que todo vuelve. El universo, el campo de consciencia, es un eco.

¿Cómo podemos dejar de juzgar a los demás?

Cuando juzgas no hablas del otro, hablas de ti. Recuerda que cuando Juan habla de Pedro, habla más de Juan que de Pedro. Nuestros juicios nos condenan. No hay un cómo, pero si quieres un hábito, observa tus juicios, no te identifiques con ellos y luego busca la causa en ti. Todo lo que te molesta o te gusta de los demás está en ti.

El deseo de hacer un juicio desaparecerá cuando estemos dispuestos a comprender, a ponernos en el sitio del otro. Así se desarrolla la compasión. Ello no quiere decir que estés de acuerdo con el otro, pero comprendes que todos nos proyectamos según nuestra información inconsciente.

¿Por qué Buda no hablaba de Dios?

La palabra «dios» es un concepto que puede tener y de hecho tiene múltiples interpretaciones. Es más simple hablar de una conciencia universal, que no juzga y que siempre nos envía aquello que vivimos según el nivel de vibración de nuestra conciencia, que emplear una palabra tan manipulada como «dios».

¿Cómo se supera la percepción?

Siempre estamos proyectándonos y la creencia de que lo que proyectamos está fuera y no en nosotros genera la percepción. La percepción es una interpretación. Anthony de Mello nos lo recuerda cuando nos dice: «Tenemos el hábito de suponer cómo los demás piensan, sienten y actúan. Y lo peor es que reaccionamos emocionalmente a esta idea porque pensamos que es cierta».

La percepción se trasciende cuando invertimos la proyección y tomamos conciencia de que estamos interpretando. La percepción, que es hija de la proyección, podemos convertirla en una magnífica herramienta para conocernos a nosotros mismos.

¿La causa de todo está en nosotros?

Tus creencias, tu modo de interpretar el mundo y todo lo que ves crea unos efectos. El error es creer que los efectos que tú vives, sientes, y hacen que te alegres o que sufras están en el exterior. Ciertamente fuera hay situaciones diversas, pero la causa está en ti en un orden simple. Maestros de todos los tiempos (Buda, Jesús, Lao Tse, Rûmi) y más actuales como Ken Wilber, considerado el Einstein de la psicología, nos lo recuerdan: somos un campo de conciencia en un océano de Consciencia. Que el Todo contiene a la parte y esta contiene al Todo, por todo ello se hace hincapié en que tenemos que vivir en otro orden de conciencia con pensamientos como «con la vara que midieres serás medido». Cuídate de juzgar. El mejor consejo que puedo darte es que evites juzgar.

También están los efectos colectivos, que tienen que ver con nuestras consciencias; en este caso, lo que se dio en llamar «inconsciente colectivo». Vivimos en un mundo que está en correlación con nuestro nivel de conciencia. Hay una causa colectiva. Un cambio en una pequeña conciencia beneficia a todos. Este conocimiento nos devuelve el poder, hace que sea consciente. Ahora pensarás antes de hablar y de opinar. Observarás tus pensamientos y verás las creencias que los sostienen. Aquí empieza el despertar.

Una forma de liberarse de la trampa del ego —que siempre cree que la causa está fuera y que, además, tiene una verdadera adicción al victimismo— consiste en dejar de tener opiniones para todo. El ego opina sin saber. Hace suyas las verdades que ve en los demás si le conviene.

Cuando una inversión de pensamiento está asentada como hábito, ¿qué ocurre?

Pues es muy sencillo: desaparece el deseo de controlar las circunstancias, los acontecimientos y, por supuesto, a las personas. Das las gracias por tener tantos espejos para conocerte mejor. Evitar los juicios no necesita ningún esfuerzo porque buscas comprender, que no quiere decir estar de acuerdo. No hay lucha, hay acción consciente llena de sabiduría. Cada situación deviene un aprendizaje y una enseñanza. Entras en un estado de paz.

¿Cómo se trascienden los opuestos?

Al comprender que tales opuestos son complementarios y que vemos en ellos lo que no podemos ver en nosotros mismos, con la certeza de que cada quien irradia su esencia y crea su destino.

¿Cuál es el camino hacia la consciencia pura?

Es muy sencillo, aunque no fácil. Requiere una entrega constante de todos los pensamientos y sentimientos que nos provocan dolor. Nos aplicamos un perdón constante a nosotros mismos por crear las situaciones que experimentamos como dolorosas. Comprendemos que el sufrimiento es una resistencia a soltar. Desarrollamos la ternura y la compasión. Se lo entregamos a la presencia rindiéndonos a la experiencia y tomando acciones sin juicio. Nuestra mente empezará a quedarse en silencio. Viviremos estados de gran angustia: es nuestro ego resistiéndose. El ego experimenta que va a morir, pues él vive en el control. El último paso lo da la consciencia pura.

Llevo años en el camino del despertar y no entiendo que aún tenga emociones negativas.

Es muy común pensar que cuando haces un camino, llamémosle espiritual, tienen que desaparecer nuestras negatividades, y se cae fácilmente en la culpabilidad, que es el factor que más utiliza el ego para llevarnos al fracaso y a la frustración.

Las emociones son muy importantes para la autoindagación, nos permiten conocernos a nosotros mismos y ver nuestra programación. Ello, a su vez, nos lleva a la autogestión emocional. Nos llenamos de esta emoción, la que sea; la sentimos, vemos de dónde procede y la soltamos. Nunca debes olvidar que ves a las personas y las cosas no como son, sino como tú eres.

Muchas veces estoy haciendo el trabajo de mi compañera, y cada vez que la veo me enfado con ella.

El problema no es que hagas su trabajo o no, sino que te obligas a hacerlo. El resentimiento que tienes hacia ella es una proyección; en realidad, estás enfadada contigo misma. Quizá seas muy exigente contigo misma, te sientas infravalorada y esperes reconocimiento. Recuerda que lo que nos atrae o rechazamos siempre está en nosotros.

Tienes que hacerte preguntas simples como:

- ¿Para qué lo hago?
- ¿Con qué intención lo hago?
- ¿Qué pasaría si no lo hiciera?
- ¿Para qué asumo responsabilidades que no son mías?

Indaga en el ambiente emocional en el que te has criado de pequeña:

- ¿Qué pasaba en casa con relación al trabajo?
- ¿Cuáles eran las quejas de mamá?
- ¿Quién no asumía sus responsabilidades?

Tengo un buen matrimonio, pero hay momentos de enfado, frustración y desacuerdo.

¡Bendito matrimonio! Quien diga que nunca se enfada con su pareja tiene un grave problema. Los conflictos encierran un tesoro, que es el desarrollo del amor auténtico o amor humano. Los conflictos nos muestran nuestras sombras y nuestras reacciones emocionales, que hablan de nosotros y que nos permiten el proceso de integración.

La relación de pareja es el regalo de la consciencia universal para que no nos perdamos en el sueño de la separación. La atracción que sentimos hacia el otro es inconsciente; podremos ponerle un por qué y hasta una historia, pero todo ello habla de nosotros. Si, por ejemplo, ves que tu pareja está muy pendiente de sus «cosas» y poco de ti, entonces haces una inversión de pensamiento y te dices: «ocúpate más de ti mismo, piensa algo más en ti y deja de querer que el otro haga o deje de hacer algo». Nuestras parejas no son nuestros opuestos, son nuestros complementarios.

¿Cuál crees que es la mayor resistencia a «entregar»?

Creer que tú sabes cuál es la solución al problema o al conflicto. El ego cree que él tiene que buscar la solución. También hay un apego emocional al dolor y a la culpabilidad, con ello buscamos ser inocentes y ser aceptados. No nos olvidemos de que sentirnos víctimas es muy adictivo. Creer que tenemos razón y negarnos a aceptar la experiencia se sustenta en la fe en que estamos separados.

Para contrarrestarlo debemos soltar, entregar, rendirnos a la consciencia con la certeza de que hay una solución, la mejor para ambas partes. Dejemos de emitir juicio alguno y nos invadirá un sentimiento de paz.

Si me entrego en todo momento, ¿no me convertiré en una persona pasiva?

La entrega o la rendición es un acto de valentía suprema. La rendición es un movimiento libre de culpas, de resentimientos, de cómo, cuándo y de qué manera. Tus acciones están libres de juicios, hay una actitud mental de estar alerta y ello requiere acción.

No confundas la rendición con una actitud de «ya nada puede molestarme» o «ya no me importa». Estas actitudes están contaminadas de negatividad. Es una forma de resentimiento oculto, de resistencia enmascarada.

Tengo dificultades para desarrollar la aceptación.

Aceptar no implica no hacer nada, sino hacer actos plenos de conciencia en cada situación que estoy viviendo y, si me incomoda, entender que tiene que ver conmigo. Aceptar tampoco es resignación, es integrar la enseñanza sabiendo que cada quien es libre de vivir según le parezca. Luego decide quién quieres ser en esta situación sin esperar cambio alguno, pues el cambio que siempre anhelamos en los demás está en nosotros.

Reflexión:
Hay situaciones en la vida que son ineludibles; hay otras que no lo son, pero nos cuesta aceptarlas como tales y nos eternizamos en ellas.

Dentro de las primeras podemos ser independientes y conquistar nuestra libertad.

Para mí el cambio es muy difícil.

¿Qué es difícil?

- ¿Perdonar a los demás?
- ¿Comprender que todo es uno?
- ¿Dejar el control?
- ¿Dejar de desear que los demás cambien?
- ¿Dejar de desear que las cosas sean como tú quisieras?

¿No será tu resistencia la que no te deja cambiar? No olvidemos que cada uno es al mismo tiempo el problema y la solución.

¿Qué es tomar conciencia?

Antes de contestar, tomemos conciencia de que vivimos inconscientemente con relación a todo lo que nos rodea. La inconsciencia se sustenta:

- En la creencia de que vivimos separados, de que nuestros actos, pensamientos y sentimientos no van a ninguna parte.
- Creemos que tomamos decisiones y resulta que siempre hacemos lo mismo frente a los mismos problemas.

Cuando invertimos el pensamiento y empezamos a dejar de hablar del otro como la causa y sí como el efecto, entonces se produce un cambio de percepción y asumimos nuestra responsabilidad —que no culpabilidad—, integramos la experiencia, decidimos quiénes queremos ser y liberamos al otro de hacer cambio alguno.

La toma de conciencia ocurre espontáneamente cuando en tu mente brilla la comprensión. Esto quiere decir que te cuestionas tus percepciones y no te identificas con ellas como si fueran verdad.

El problema de mucha gente es que se pasa la vida intentando arreglar cosas que no entiende. Siempre estamos arreglando cosas, ¿no es cierto? Nunca se nos ocurre que las cosas no necesitan estar arregladas. Verdaderamente es así. Está claro. Tienen que ser comprendidas. Si las comprendes, cambian.[27]

¿Qué significa ser libre interior y emocionalmente?

Cuenta la historia que a un piloto lo hicieron prisionero en la II Guerra Mundial y lo confinaron durante varios meses en una celda de castigo, sin ningún estímulo. Todos pensaban que, si sobrevivía, estaría loco. Pero él aprovechó para hacer un repaso de su vida y salió con la lucidez suficiente para escribir un libro sobre su experiencia.

Simplemente se trata de esto.

¿Qué es la libertad emocional?

Pregúntate a quién te atas y para qué te atas a la situación o a la persona. Luego observa tus justificaciones para mantener esa atadura. Date cuenta de que hay una necesidad que casi siempre implica querer un cambio en el otro.

Una historia cuenta que un discípulo fue a ver a su maestro.

–¿Qué te trae por aquí?

–*Moksha* (significa libertad en sánscrito).

–¡Ah!, la libertad –dijo el maestro–. Hum, vete a descubrir quién te ha apresado.

El discípulo se pasó una semana meditando; después volvió y dijo:

–Nadie me ha apresado.

–Entonces, ¿para qué quieres liberarte?

Y en este mismo momento el discípulo alcanzó la liberación.

Nunca olvides que tú eres el carcelero y el encarcelado. Observa a qué te obligas, cuántas veces te dices «debo», «tengo que».

Explícame con la máxima sencillez la trascendencia.

Trascender dos polaridades o posicionamientos es comprender que el uno da vida al otro y viceversa. Por lo tanto, es imposible eliminar la otra polaridad; hay que integrarla como propia, sabiendo que se halla en nuestra psique inconsciente. Luego, decide sin juicio.

Siempre vivo en la necesidad, me he dado cuenta de ello; me cuesta encontrar el camino para liberarme de ella. ¿Puedes ayudarme?

Ya sabes que la necesidad es una información inconsciente muy profunda, inoculada a lo largo de generaciones. Aristóteles ya nos lo recordaba con este pensamiento:

> Si andas preocupado por problemas financieros, amorosos o de relaciones familiares, busca en tu interior la respuesta para calmarte. Tú eres el reflejo de lo que piensas diariamente.

La necesidad surge de creencias en la escasez y del miedo a la carencia. En el universo solo hay abundancia; observa a tu alrededor. Trascender la necesidad es una actitud mental relacionada con dar lo mejor de ti mismo en el lugar en el que estés y con el trabajo que estés haciendo. Cada situación crea oportunidades. Para mí, el camino para desprenderse de la necesidad, aparte de lo expuesto, es hacer algo que mejore el bienestar del mundo, sea lo que sea. No importa lo grande ni lo pequeño que resulte; es la conciencia con que se hace. Yo nunca pensé que estaría haciendo lo que hago y llegando a tanta gente. Puse todo mi afán en lo que hacía. Viví momentos muy oscuros, pero allí estaba mi mayor tesoro: la maestría.

Un recordatorio:

La oportunidad siempre es inesperada, aparece cuando menos te lo piensas y, en muchas ocasiones, después de algún problema importante.

NAPOLEÓN HILL

· A MODO DE CONCLUSIÓN ·

- Crear abundancia, la clave del éxito.
- Crea oportunidades, no esperes reconocimiento. La vida pone a cada uno en su lugar.
- Procura vivir de tus creaciones creando trabajo.
- Desarrolla la perseverancia; los fracasos son las semillas del próximo éxito.
- Cuida tus emociones; estas se reflejan en el campo de consciencia.
- Nunca olvides: no hay limitaciones para la mente, excepto las que aceptamos.
- Estudia, fórmate, desarrolla una extensa red de contactos. Cuida tu reputación.
- Evita la queja y las lamentaciones.
- La competencia encierra tu desarrollo. Conviértela en colaboración.
- En un negocio, nunca especules; ofrece la máxima calidad al mejor precio. La honestidad es un tesoro. Paga un salario adecuado y a su justo tiempo.
- El dinero no es un fin, es un medio.
- Cuida tu cuerpo y tu mente. Descansa, haz ejercicio, ríete, toma una buena copa de vino con personas que te quieren y en las que puedas confiar.
- Cambia tus creencias con relación al dinero.
- Desarrolla la imaginación creativa y entrarás en el campo donde todo es posible. Consiste en escuchar más que en buscar. La facultad de la imaginación creativa es el vínculo directo entre la mente finita del hombre y la inteligencia infinita.
- Y, por último, manifiesta excelencia. Si manifestamos excelencia en el mundo, no tendremos que preocuparnos en absoluto por el dinero. El mundo nos buscará. No tendremos que buscar trabajo. Cuando hagas algo, hazlo con todo tu ser, da lo máximo de ti mismo. Bendice y agradece donde estás y lo que haces; no sabes cuándo surgirá la oportunidad.

REFERENCIAS BIBLIOGRÁFICAS

1. Boukaram, C., *El poder anticáncer de las emociones*, Barcelona, Ediciones Luciérnaga, 2013.
2. McTaggart, L., *El experimento de la intención*, Sirio, Barcelona, 2009.
3. Marchant, J., *Cúrate*, Aguilar, Barcelona, 2017.
4. Bohm, D., *El orden implicado*, 22/11/2008. Publicado en *Ciencia con Consciencia*.
5. Hawkins, D. R., *Curación y recuperación*, El Grano de Mostaza, Barcelona, 2015, p. 265.
6. Mateo 10:39.
7. Perls, F., Hefferline, R., Goodman, P., *Terapia Gestalt: Excitación y crecimiento de la personalidad humana*, La Sociedad de Cultura Valle-Inclán, Madrid, 2002.
8. Braden, G., *La matriz Divina*, Sirio, Málaga, 3.ª edición, 2010, p. 19.
9. Ballester, M., *El corazón helicoidal: Implicaciones*, conferencia en el Máster en Terapia Neural y Odontología Neurofocal de la Universitat de Barcelona. 21/4/2020.
10. McTaggart, L., *El experimento de la intención*, Sirio, Málaga, 2009, p. 46.
11. Talbot, M., *El universo holográfico*, Ediciones Palmyra, Madrid, 2007.
12. Talbot, M., *El universo holográfico*, Ediciones Palmyra, Madrid, 2007, p. 34.
13. McTaggart, L., *El experimento de la intención*, Sirio, Málaga, 2009, p. 258.
14. McTaggart, L., *El experimento de la intención*, Sirio, Málaga, 2009, pp. 260-261.
15. Hawkins, D., *El ojo del yo*, Ed. Obelisco 2006, p. 135.

16. Lanza, R., *Biocentrismo*, Sirio, Málaga, 2012, p. 17.
17. Hawkins, D., *El poder frente a la fuerza,* El Grano de Mostaza, Barcelona, 2015, p. 32.
18. Lanza, R., *Biocentrismo*, Sirio, Málaga, 2009, p. 49.
19. Talbot, M., *El universo holográfico*, Ediciones Palmyra, Madrid, 2007, p. 50-51.
20. Versyp, T., La dimensión cuántica, Teresa Versyp, Barcelona, 2005, p. 17.
21. *Un curso de milagros,* C-6.IV.10.
22. Hawkins, D. R., *El ojo del yo*, Barcelona, Obelisco, 2006, p. 135.
23. *Un curso de milagros*, C-26.VII. 13:1-3-4-5.
24. Mateo 19:23-30.
25. Alonso Puig, M. A., *Reinventarse,* Ed. Plataforma, Barcelona, 2013, p. 89.
26. Leonard Susskind es profesor de física teórica en la Universidad de Stanford. Sus intereses de investigación incluyen la teoría de cuerdas, la teoría cuántica de campos, la mecánica cuántica y la cosmología cuántica.
27. De Mello, A., *Despierta*, Gaia, Móstoles (Madrid), 2011.

BIBLIOGRAFÍA

- Alonso, M., *Reinventarse*, Plataforma Actual, Barcelona, 2013.
- Behr, T., *El tao de las ventas*, Edaf, Madrid, 1998.
- Bohm, D., *La totalidad y el orden implicado*, Kairós, Barcelona, 2014.
- Boukaram, C., *El poder anticáncer de las emociones*, Luciérnaga, Barcelona, 2013.
- Bradem, G., *La matriz divina*, Sirio, Málaga, 2010.
- Braden, G., *La verdad profunda*, Sirio, Málaga, 2011.
- Brothers, C. y Kumar, V., *Excelencia en el liderazgo*, New Possibilities Press, Florida, 2015.
- Brown, M., *El proceso de la presencia*, Obelisco, Barcelona, 2009.
- Cameron Gikando, D., *Un feliz bolsillo lleno de dinero*, Traducción José Antonio Gómez.
- Carse, D., *Perfecta, brillante quietud*, Gaia, Madrid, 2009.
- Corbera, E., *El observador en Bioneuroemoción*, El Grano de Mostaza, Barcelona, 2017.
- Corbera, E., *Emociones para la vida*, Grijalbo, Barcelona, 2018.
- Corbera, E., *Yo soy tú*, El Grano de Mostaza, Barcelona, 2016.
- De Mello, A., *Despierta*, Gaia, Madrid, 2011.
- Eckman, P., El rostro de las emociones, RBA, Barcelona, 2017.Gibran, K., *El loco*, Humanitas, Barcelona, 1994.
- Gibran, K., *El profeta*, Obelisco, Barcelona, 2009.
- Hawkins, D. R., *Curación y recuperación*, El Grano de Mostaza, Barcelona, 2015.
- Hawkins, D. R., *El Poder frente a la Fuerza*, El Grano de Mostaza, Barcelona, 2019.
- Hawkins, D., *El ojo del yo*, Obelisco, Barcelona, 2006.

- Hill, N., *Piense y hágase rico*, Grijalbo, Barcelona, 1999.
- Jung, C. G., *Encuentro con la sombra*, Kairós, Barcelona, 1993.
- Lanza, R., *Biocentrismo*, Sirio, Málaga, 2009.
- Marchant, J., *Cúrate*, Aguilar, Barcelona, 2017.
- McEvoy, J. P. y Zárate, Ó., *Teoría cuántica para principiantes*, Era Naciente, Buenos Aires, 1998.
- McTaggart, L., *El experimento de la intención*, Sirio, Málaga, 2009.
- McTaggart, L., *El campo*, Sirio, Málaga, 2002.
- O´Connor, J. y McDermott, I., *Introducción al pensamiento sistémico*, Urano, Barcelona, 1998.
- Rosemblum, B. y Kuttner, F., *El enigma cuántico,* Tusquets, Barcelona, 2010.
- Schucman, H., *Un curso de milagros,* Alfaomega, Móstoles (Madrid), 2014.
- Schwartz-Salant, N., *La paradoja*, Obelisco, Barcelona, 2018.
- Talbot, M., *El universo holográfico*, Palmyra, Madrid, 2007.
- Tolle, E., *El poder del ahora*, Gaia, Móstoles (Madrid), 2007.
- Tolle, E., *Practicando el poder del ahora*, Gaia, Móstoles (Madrid), 2003.
- Tompkins, P. y Bird, C., La vida secreta de las plantas, Capitán Swing, Madrid, 2016.
- Versyp, T., *La dimensión cuántica*, Teresa Versyp, Barcelona, 2005.
- Wilber, K., *Cuestiones cuánticas*, Kairós, Barcelona, 2017.
- Wilber, K., *La conciencia sin fronteras*, Kairós, Barcelona, 1991.
- Zohar, D., *La conciencia cuántica*, Plaza & Janés, Barcelona, 1990.
- Zweig, C. y Abrams, J., *Encuentro con la sombra*, Kairós, Barcelona, 2016.